KB155923

나도 멋지게 살고 싶다

오늘은 멋진 날입니다.
내일은 오늘보다 더 멋진
인생 최고의 날이 될 거예요.

당신은 멋진 사람입니다.
내일은 오늘보다 더 멋진
빛나는 주인공이 될 거예요.

나도 멋지게 살고 싶다

성진아 지음

국일미디어

이 책은 변하고자 하는
당신을 위한 책이다

매일 똑같이 반복되는 삶을 살다보면 무료함이 찾아오는 때가 온다. 10~20대 때는 잘 느끼지 못하던 것인데, 서른 즈음 다시 한번 인생의 유한성을 깨닫고, 어떻게 하면 한 번뿐인 내 인생을 좀 더 나은 모습으로 변화시킬 수 있을까 깊이 고민하게 되었다.

나는 어릴 적부터 내가 원하는 것들을 먼저 얻었거나, 자신의 방식대로 인생을 행복하게 살아가는 사람들의 이야기에 관심이 많았고 그러한 사람들의 이야기를 모았다. 그리고 그들이 가진 특별한 습관이나 마인드, 행동 방식 중, 정말 도움이 되는 것들을 내 삶에 적용하기 위해 노력했다. 확실한 건 이러한 노력이 분명 효과가 있다는 것이다. 이 책에는 나의 이야기와 더불어 그런 인물들의 이야기를 통해 독자 여러분께 꼭 전하고 싶은 메시지들을 담았다.

난 우리 모두의 삶이 물질적으로나 정신적으로 좀 더 윤택해졌으면 한다. 오늘보다 내일이 더 멋질 수 있다면 그것이 성공한 삶이지 않을까?

최근 들어 소확행(작지만 확실한 행복)이라는 말이 유행하면서 작지만 소소한 행복에 눈을 돌리며, 작은 것에도 행복을 느끼며 살아가는 것이 하나의 트렌드가 되었다. 물론 좋다. 분명 현재 나에게 주어진 것들에 감사하며 살아야 한다. 하지만 소소한 행복들만 누리며, 한 번도 내 잠재력을 모두 끌어내어 만든 '나의 최고 버전'의 모습을 발견하지 못한다면 너무도 아쉽지 않을까?

나는 구본형 작가의 《낯선 곳에서의 아침》의 서문 글귀를 참 좋아한다.

"나이가 들어 아무것도 이룬 것이 없는 자신을 보는 것은 추운 일이다. 세월이 지나 어떤 것에도 마음을 쏟지 못한 자신처럼 미운 것은 없다. 시간이 많이 남지 않았는데 쓸데없는 것들에 연연하여 내가 누군지 모르고 살았던 그 많은 시간보다 통탄에 젖게 하는 것은 없다."

아직도 살아갈 날이 많은 우리들이 무언가를 위해 최선을 다한다는 것 자체만으로도 값진 일이다. 그것의 결과가 좋든 나쁘든 분명 내가 열심히 한 일에는 후회가 남지 않을 것이다.

'인생은 한 번 뿐'이라는 것을 지각하며, 좀 더 멋진 삶을 꿈꾸고 만들어 가는 우리가 되기를 바라며, 독자 여러분의 앞날이 이 책을 통해서 좀 더 원하는 방향으로 나아가기를 바란다.

2019년을 더욱 설레는 마음으로 기다리고 있는,

2018년 초겨울 어느 날

성진아

1. 무엇이 그들을 멋지게 만들었을까?

2. 그들만의 특별한 생각은 뭘까?

3. 그들을 행동하고 도전하게 한 비결은 뭘까?

4. 그들의 인생은 어떻게 바뀌었을까?

5. 새로운 나를 만들려면 어떻게 해야 할까?

1

무엇이
그들을 멋지게
만들었을까?

1

[자기 인정]

자기 자신을 있는 그대로 인정할 때 비로소 행복해진다

너 자신이 아닌 다른 것이 되려 하지 마라.
다만 완벽한 너 자신이 되라.

_ 성 프란시스 드 살레스

사람들은 저마다 자신이 인정하기 싫은 부족한 모습을 가지고 있다. 우리는 그것을 단점이라 부른다. 어느 누구도 완벽하지 않기에 단점 없는 사람은 없다. 그럼에도 단점을 크게 생각해서 자신에게 만족하지 못하고 스스로를 과소평가하고 심지어 고통 속에 갇혀 있기도 한다. 하지만 그것을 있는 그대로 인정하고 받아들이면 더 이상 단점이 아니게 되고 생각하기에 따라 장점이 될 수도 있다.

가볍고 유치한 예를 하나 들겠다. 어릴 적부터 나의 고민 중 하나는 짧은 다리와 굵은 허벅지였다. 사실 이 역시도 상대적인 것이고 내가 세운 기준에 의한 것이지만, 나는 짧은 다리와 굵은 허벅지를 콤플렉스로 여기고 나의 단점이라 단정지었다. 여기서 중요한 포인트가 있다. '내가 그것을 단점이라 단정지었기에 그것이 나의 단점이 되었다'는 것이다.

　많은 여성이 이러한 사소한 외적 고민에 휩싸여 자신을 아프게 하곤 한다. 비단 여성만 그렇지는 않을 것이다. 남성이나 여성이나 어른이나 아이나 할 것 없이 외형적인 부분, 능력적인 부분, 환경적인 부분에서 자신이 원하는 모습을 가지지 못한 것을 자신의 단점, 콤플렉스로 여기며 살아간다.

　나는 이런 것으로부터 자유로워지라고 말하고 싶다. 보통 자신을 있는 그대로 인정하지 못해서 내면적 자아와 싸우게 되는 경우가 많다.

　그런데 조금만 생각을 바꿔 나 자신을 있는 그대로 인정하면 내가 지금껏 단점이라고 생각하던 면들이 더 이상 나의 단점이 되지 않는다. 그동안 왜 그렇게 싫어하고 꼭꼭 숨기려고 했는지 스스로의 어리석음을 늦게나마 뉘우치게 된다.

한 쪽 다리를 잃었다고
비키니를 입지 못할 이유는 없다

자신을 인정하고 받아들이는 행위가 타인에게도 희망을 줄 수 있음을 보여주는 사례가 있다. 한 여성이 음주운전자가 몰던 자동차에 치여 한 쪽 다리를 잃었다. 겨우 스무 살에 일어난 사고였다. 그녀는 그렇게 하루아침에 장애인이 되었다. 사고의 주인공은 브라질 출신의 모델 '파올라 안토니니'(Paola Antonini)다.

파올라는 몇 해 전 크리스마스를 며칠 앞둔 어느 날, 음주운전자의 차량과 충돌하는 교통사고를 당했다. 다행히 목숨은 건졌지만 의사는 그녀의 왼쪽 다리를 허벅지에서부터 절단해야 한다고 말했다. 그녀에게는 사형선고와도 같았다. 모델인데 다리를 절단해야 한다니….

몇 달 후 파올라는 건강을 회복하였지만 마음의 상처는 회복할 수 없었다. 더 이상 모델 일을 할 수 없다는 것에 좌절하고 우울증으로 고생했다. 하지만 그녀가 선택할 수 있는 건, 이 모든 것을 불운과 가해자의 탓으로 돌리고 원망하며 비참하고 고통스럽게 살아갈 것인가 아니면, 그럼에도 불구하고 행복하게 살 것인가 였다.

파올라는 자신의 모습을 있는 그대로 인정하고 받아들이기로 했다. 그녀에게 있어서 쉽지 않은 선택이었다. 하지만 그녀는 정말 용감했다.

웬만한 사람은 받아들이기 힘들었을 것이다. 예전 모습만 생각하면서 없어진 한 쪽 다리에 갇혀 지옥같은 삶을 살았을 것이다. 하지만 파올라는 지금 자신의 모습을 그대로 인정하고, 사건이 일어나기 전과 다름없이 지냈다. 자신의 SNS에 한 쪽 다리에 의족을 낀 채 패셔너블한 의상을 입고 여행을 다니는 모습, 자전거와 스케이트보드 타는 모습, 헬스장에서 운동하는 모습, 심지어 수영을 즐기는 모습까지 올렸다.

인스타그램 @paola_antonini에서 그녀를 꼭 찾아보길 바란다. 그녀는 예전과 다름없이 여전히 아름답다. 그녀가 비키니를 입고 예전처럼 화보촬영을 하며 모델 일을 하는 모습은 많은 이에게 감동과 희망을 주었다. 한 쪽 다리가 없어도, 예전처럼 잘 지낼 수 있다는 것을 자신의 삶을 통해 몸소 보여주기 때문이다.

자신이 인정해야 할 '진짜 내 모습'의 상처가 크면 클수록 그것을 받아들이는 것이 고통스럽고 힘들 것이다. 하지만 자신

과의 관계를 회복하는 것이 선행되지 않으면 우리는 현재의 모습에서 정체될 수밖에 없다. 먼저 나 자신을 인정하고 받아들인다는 것, 그것이 인생을 잘 살아갈 새로운 기회를 얻을 수 있는 유일한 방법이다.

자신을 인정하는 것이
행복의 시작이다

영화《아이 필 프리티(I Feel Pretty)》의 주인공 '르네 베넷'은 통통한 몸매와 평범한 얼굴로 늘 자신감이 부족한 인물이다.

그래서 자신의 평생 소원인 '예뻐지기'라는 꿈을 이루기 위해, 비오는 날 분수대에 가서 동전을 던지는 이상한 짓을 하기도 한다. 그러던 어느 날 자신이 다니던 헬스클럽에서 운동을 하다가 넘어져 머리를 바닥에 심하게 부딪힌다. 그 후 그녀의 인생은 180도 달라진다.

외형적으로 전혀 변한 것이 없는데도 그녀의 눈에 자신이 꿈에 그리던 미인으로 보이는 것이다. 덕분에 엄청난 자신감을 얻게 된다. 그러한 자신감 덕분인지 자신이 원하던 회사에 입사해 좋은 직위를 얻게 되고, 회사에서 대단히 중요한 프로젝트를 맡기도 하고, 새로운 남자친구도 사귀게 된다. 이 모든 것은 외모와 상관없이 충만한 자신감이 빚어낸 결과다.

영화가 '스스로 예쁘다고 생각하는 여자는 자신감이 넘친다'는 쪽으로 몰아갈 때쯤, 그녀가 다시금 자신감을 잃는 모습이 그려진다. 욕실에서 미끄러진 후 다시 예전의 통통한 모습으로 보이기 시작한 것이다. 그녀는 세상이 끝나기라도 한 듯 망연자실하고, 지금까지 이뤄냈던 많은 것을 스스로 포기한다. 또 다시 못생겨진 자신의 외모 탓을 하면서 말이다.

마지막엔 자신의 직장, 사람들의 신뢰, 남자친구, 이 모든 것이 외모가 아닌 자존감이 충만한 덕에 얻은 것임을 깨닫는데,

이 영화가 주는 교훈이 바로 이것이다. 그녀는 지금 있는 그대
로의 모습으로 자기 자신을 당당히 표현했을 때, 스스로 원하는
모든 것을 얻을 수 있었다. 외모 탓을 하며 자신이 원하는 삶을
살 수 없다고 규정지은 것은 오로지 본인뿐이었던 것이다.

　진정한 행복을 찾을 수 있는 단 하나의 길은 있는 그대로
의 나를 받아들이는 것뿐이다. '자기 인정'이야말로 행복한 인
생을 살아갈 수 있는 초석이 되는 것이다. 현재 자신의 환경과
처한 상황을 탓하지 않고, 더 나은 나 자신이 될 수 있다고 믿
고, 진정 내가 원하는 모습으로 살기 위해 한 발짝씩 나아가는
것, 그것이 행복한 인생을 사는 이들의 태도다.

　사실 나도 처음에는 있는 그대로의 내 모습을 인정하는 것
이 쉽지 않았다. 집안 형편상 경제적 독립을 해야 했던 스무 살
의 서울살이, 나에겐 너무 멀어 보였던 해외 유학의 꿈, 내가 원
하는 일과 내가 가지고 있는 능력간의 괴리, 계속 되는 아나운
서 시험의 낙방 등 인생의 많은 문제에 맞닥뜨렸을 때, 있는 그
대로의 나를 인정하지 못했다. 계속해서 주변의 탓할 거리를
찾았다. 그런데 그러면 그럴수록 아무것도 변하지 않았다. 하
지만 어느 순간 지금의 나와 내 환경을 있는 그대로 인정하자

새로운 길이 보였다.

우린 모두가 시작점이 다르고, 타고난 자질이 다르며, 주어진 환경이 다르다. 그렇기에 정말 변하고 싶고 나아가고 싶다면 지금의 나를 인정해야 한다. 지금의 나를 인정하면 앞으로 내가 나아갈 길이 보인다. 생각보다 많은 문제가 쉽게 풀리는 것을 경험하게 된다. 행복한 인생의 첫 걸음은 나를 있는 그대로 받아들이는 것에서 시작된다는 것을 기억하자.

2

[자기 믿음]

결국 성공은
자기 믿음의 크기에 비례한다

사람은 온종일 생각하는 대로 된다.

_ 마르쿠스 아우렐리우스 (로마의 제16대 황제)

　　많은 사람이 삶이 개선되기를 원한다. 진정으로 나를 찾고, 내가 원하는 대로 행복하게 살기를 바란다. 그런데 어떤 사람은 자신이 원하는 것, 되고자 하는 것들을 쉽게 얻는 것 같은데, 어떤 사람은 아무리 노력을 해도 좋은 결과를 얻지 못하는 것처럼 보이기도 한다. 도대체 어디서부터 이런 차이가 생겨나는 것일까?

　　이 의문에 대한 답을 찾고 싶어서 몇 년간 많은 책을 읽고 사례를 조사해 보았다. 그 비밀은 아주 간단했다. 원하는 것을 얻고 원하는 대로 사는 사람은 자신이 하고 있는 일이 잘될 것이라고 굳게 믿는다. 잘되지 않을 것이란 생각을 하지 않는다.

물론 좌절하는 경우가 생기더라도 말이다. 잘될 것이라는 믿음이 모든 일을 가능하게 하고 성공의 길로 들어서게 하는 것이다.

타인의 평가에
휘둘리지 말아야 한다

호아킴 데 포사다의 《바보 빅터》라는 책을 보면 자기 믿음이 한 사람의 인생을 어떻게 바꿔 놓을 수 있는지 잘 알 수 있다.

러시아에 장래가 촉망되는 어린 발레리나 '로라'가 살았다. 이 소녀는 어린 시절부터 세계 최고의 발레리나를 꿈꾸며 피땀 흘려 연습에 매진하였다. 그 덕에 기량이 날로 늘었다. 하지만 실수와 실패를 할 때면 '내가 세계 최고의 발레리나가 될 수 있을까? 나에게 그런 재능이 있는 걸까?'라는 의문을 갖곤 했다.

그러던 어느 날, 그녀가 사는 마을에 세계 최고의 발레리나가 방문했다. 로라는 한 걸음에 달려가 자신의 발레를 보아 달라고 청했다. 1분이 지나자 발레리나는 "너는 정말 재능이 없구나. 집어치워라"고 혹평했다.

그 말에 충격을 받는 로라는 결국 발레를 포기했다. 그리고 평범한 가정주부로 살았다. 이후 좀 더 세월이 흘러 소녀는 그 발레리나를 다시 만나게 되었다. "아무리 세계 최고의 발레리나라고 하지만 1분 만에 나의 재능을 어떻게 파악할 수 있었죠?" 하고 묻자 발레리나는 "내가 무슨 신이라고 그걸 알겠니? 그저 귀찮았을 뿐이야" 하고 대답했다.

로라는 눈앞이 캄캄했다. 나는 그 말을 믿고 발레를 포기했고 나의 인생은 180도로 바뀌었는데 이제 와서 그게 무슨 말이냐고 따졌다.

이에 발레리나는 "남의 말 한 마디에 꿈을 쉽게 포기할 정도라면 너는 애당초 세계적인 발레리나가 될 수 없었어"라고 말했다.

난 이 글을 읽고 큰 깨달음을 얻었다. 정말 많은 사람이 타인의 평가에 의해 자신의 능력과 가치를 판단하곤 한다. 특히 한 분야의 권위자의 말인 경우에는 더욱 그러하다. 그가 신이 아님에도 말이다.

내가 원하는 것이라면 누가 뭐라고 하든 그 말에 휘둘리면 안 된다. 타인의 평가로 내 꿈을 포기하는 어리석음을 범해서는 안 된다. 내가 원하는 것이라면 타인이 나에게 재능이 없다고 했더라도 보란 듯이 성공해서 코를 납작하게 해 주리라는 독한 마음으로 더 연습에 정진하고 노력하면 되는 것이다.

빅터처럼 "난 정말 바보였어. 스스로를 믿지 못한 나야말로 진짜 바보였어!"라고 후회하는 사람이 되지 말고 자기 자신을 믿으며 나아가자. 반드시 잘될 것이라 믿으며 나아가자.

어느 누구도 당신의 가치와 능력을 규정지을 수 없다

춤추는 바이올리니스트로 유명한 '린지 스털링'(Lindsey Stirling)은 현재 구독자 1,000만 명이 넘는 인기 유튜버다. 하지만 이런 자신의 재능을 처음 세상에 내보이려고 했을 때, 큰 상처를 이겨내야만 했다.

그녀는 자신의 능력을 세상에 알리기 위해, 재능 있는 사람들을 찾아내는 미국의 쇼 프로그램인 〈아메리카 갓 탤런트〉에 출연했다. 그런데 생방송이었던 그 무대 위에서 보기 좋게 망신을 당했다. 한 심사위원은 이렇게 말했다.

"안무를 하며 바이올린을 켜기에는 당신의 재능이 충분하지 않습니다. 보는 내내 마치 덫에 걸린 생쥐를 보는 기분이었습니다."

이 심사평을 들은 그녀는 엄청난 충격을 받고, 자신의 능력을 의심한 나머지 몇 달간 바이올린을 손에 잡지도 않았다. 그렇게 몇 개월이 흐른 어느 날, 한 통의 연락을 받았다. 그녀의 재능을 알아본 한 전문 유튜버가 자신과 함께 멋진 프로젝트를 만들어 보지 않겠냐는 권유를 한 것이다. 린지는 많이 망설이다가 다시 도전하기로 마음먹고 유튜브를 제작하기 시작했다. 그들이 함께 만든 비디오는 하루 만에 100만 뷰 이상의 조회 수를 얻게 되었다. 그 덕에 린지는 전 세계 많은 나라를 돌며 월드 투어 콘서트를 갖게 되었다.

마지막 월드 투어 콘서트 장소였던 하와이의 무대에서 그녀는 공연을 하기 전 이런 말을 했다.

"가끔씩 제가 하는 일을 보면서 아직도 실감나지 않을 때가 있습니다. 제가 꿈을 이뤘다는 사실이 정말 믿기지가 않아요. 몇 년 전만 해도 전 큰 꿈을 꾸고 있는 작은 여자애에 불과했습니다. 저는 춤추는 바이올리니스트가 되고 싶다는 꿈이 있었습니다.

그러나 제가 방문했던 모든 음반 회사, 기획자, 공연 회사 등은 제가 실력이 부족하다거나, 아니면 너무 다르다고 말했어요. 심지어 〈아메리카 갓 탤런트〉라는 TV쇼 심사위원은 생방송으로 천 만 명이 넘는 사람들이 지켜보는 앞에서 제가 마치 덫에 걸린 생쥐 같다고 말했습니다.

제가 이 이야기를 드리는 이유는 이겁니다. 전 실패가 어떤 기분인지 정확히 알고 있습니다. 천 만 명이 넘는 사람들 앞에서 크게 망신당하는 기분이 뭔지 잘 알고 있습니다. 그저 창피하다는 말로는 부족하죠. 전 너무 두려웠고, 두 번 다시는 무대에 오르지 못할 것 같았습니다. 잠시 동안 바이올린을 아예 손에서 놓은 적도 있었어요. 그러나 제 속에 어떤 것이 아직 끝나지 않았다고 말하고 있었습니다. 아직 뭔가 해야 할 일이 더 남았다고, 나는 잘할 수 있다고요. 그리고 그 수치심은 동기부여로 바뀌었습니다. 전 그 남자가 틀렸다는 걸 증명하고 싶었죠.

제가 이 말씀을 드리는 이유는, 여기 있는 모든 분들에게도 각자 재능이 있다는 걸 말하고 싶어서 입니다. 당신이 사랑하고, 당신이 잘하는 일, 열정이 있는 일 말입니다. 그 재능을 묻어두지 말고 갈고 닦으십시오. 그리고 잘될 것이라 믿으십시오.

사람들 앞에서 자신의 재능을 평가받는 건 두려운 일입니다. 실패는 더더욱 무섭습니다. 전 경험을 해 봐서, 그 기분이 뭔지 너무도 잘 압니다. 하지만 겁먹지 마십시오. 다른 사람의 평가에 너무 신경 쓰지 마십시오. 그 사람이 틀렸을 수도 있는 법입니다.

제가 최근 몇 년 동안 다른 무엇보다 가장 크게 깨달은 한 가지는 성공한 사람은 실패하지 않았기 때문에 성공한 것이 아니라는 것입니다. 오히려 그 반대입니다. 성공한 사람들은 실패를 하고 또 하지만, 넘어질 때마다 일어섰습니다. 그리고 반드시 잘될 것이라 믿으며 나아갑니다. 그랬기에 성공한 것입니다."

그녀의 말처럼 성공은 자신을 믿고 나아가느냐 믿지 못하고 포기하느냐에 달려 있다. 이 세상에 나를 입증해 보일 용기를 가지기 위해서는 '자기 믿음'이 필요하다.

그녀는 마지막에 이렇게 전했다.

"어느 누구도 당신에게 당신이 누구고, 무엇을 할 수 있고 없는
지 말하게 하지 마세요. 당신만이 당신의 이야기를 쓸 수 있는 유
일한 사람이기 때문입니다. 그리고 제가 그 살아있는 증거입니다.
또한 여러분들이 저를 믿어 주었기에 오늘 밤 여기에 있을 수 있
습니다."

그녀가 전 국민 앞에서 "넌 춤추는 바이올리니스트가 되기
에는 능력이 부족해"라는 평가를 받고도 다시 그 일을 시작할
수 있었던 것은 누군가의 평가를 떠나 그녀는 정말 그 일을 사
랑했고, 또 자신이 그 일을 얼마나 열심히 해왔는지 누구보다 잘
알고 있었기 때문이다. 남들에게 보여지는 '나'는 거짓으로 꾸밀
수 있지만, 자기 자신은 속일 수 없다. 누구보다 자신을 잘 아는
사람은 나 자신이다.

우리의 뇌는 참으로 똑똑해서 스스로 납득이 가고, 인정할
수 있는 일에만 믿음이 생긴다. 그래서 자신이 무언가를 게을
리 했다면, 그 일이 성사될 가능성이 희박해지는 것이다. 본인
도 믿지 못하기 때문이다. 그러나 최선을 다하고 열심히 하면
자신에 대한 믿음이 커질 것이고 그 믿음은 성공으로 가는 지
름길이 될 것이다.

자신의 꿈을 이루기 위해 가는 길에 타인이 할 수 있다 없

다에 대한 한계를 짓게 해서는 안 된다. 자신의 미래는 자기 자신만이 결정해야 한다.

바라는 것을
이룰 수 있다고 믿어야 한다

자기 믿음 없이 무언가를 이루어낸 사람은 없다. 자기 믿음이 토대가 되어 그 위에 무언가가 세워지기 때문이다. 결국 성공은 믿음의 크기에 비례한다. 그 믿음을 단단히 쌓아가는 일이 내가 할 일이다.

성공학의 대가 나폴레온 힐은 자신의 저서 《놓치고 싶지 않은 나의 꿈 나의 인생》에서 '열망을 현실이 되게 하는 방법' 6단계를 소개한다. 그 중 마지막 단계는 이러하다.

"작성한 문장을 아침에 일어났을 때, 잠자리에 들 때 한 번씩 큰 소리로 읽는다. 읽으면서 그 목표를 이미 손에 넣은 모습을 느끼고, 보고, 믿어야 한다."

우리는 먼저 자기 자신을 믿어야 한다. 물론 자신감이 떨어지고 의심이 들 때도 있을 것이다. 아무리 해도 안 된다는 슬럼프에 빠져 허우적 댈 때도 있을 것이다. 하지만 이 모든 것을 딛고 헤어나와 다시 시작해야 한다. 그것을 가능하게 하는 것은 자기 믿음이다. 바라는 것을 이룰 수 있다고 믿고 최선을 다해야 한다. 그래야 이룰 수 있다.

3

[행동 지향]

오래 생각하는 것보다
일단 시작하는 것이 답이다

나는 마음이 내키기를 기다리지 않는다.
그러면 아무것도 이룰 수 없다.
일단은 시작부터 해야 한다.

_ 펄벅 (미국 소설가, 시인, 《대지》의 작가)

내가 이 책을 쓰기 위해 만나고 찾았던 모든 여성의 공통된 특징이 있다. 여러분이 정말 자신이 원하는 삶을 살기 원한다면, 이것만큼은 꼭 기억해야 한다. 오래 그리고 깊이 생각하는 것은 어떠한 변화도 가져다주지 않는다는 것과 무언가 해야겠다고 마음을 먹었다면 그것을 바로 시작해야 한다는 것을 말이다.

행동하지 않는데 무엇을 이룰 수 있겠는가? 완벽한 계획을 세운다고 하더라도 행동하지 않으면 아무 소용이 없다. 내가 원하는 삶을 살기 위해서는 생각을 멈추고 지금 당장 움직여야 한다.

하고 싶은 것이 생겼다면
지금 당장 시작해야 한다

학력, 인맥, 돈이 없이도 행동력 하나로 성공할 수 있다는 것을 보여준 인물이 있다. 바로 일본 여성 CEO들의 롤 모델 '하시모토 마유미'다. 내게 멋진 영감을 준 인물로 그녀의 행동력은 세계 최고라고 해도 과언이 아니다.

2000년대 초 뉴욕 스타일의 요가 운동을 들여와 일본에 최초로 요가의 붐을 일으켰으며, 여성을 위한 다양한 사업을 하고 있는 하시모토 마유미는 일본의 한 작은 포구 마을에서 태어났다. 어릴 적 참으로 가난했던 자신의 환경에서 벗어나 새로운 삶을 살기 위해, 고등학교를 졸업할 무렵 무작정 도쿄행을 감행한다. 물론 그녀는 젊다는 것 이외에 가진 것이 하나도 없었다. 하지만 지금 자신이 속해 있는 고향에서 벗어나는 것이 자신의 삶이 달라질 수 있는 유일한 방법이라는 것을 깨닫고, 어머니께 사전 통보만 하고 떠날 결심을 했다.

그녀가 도쿄에 가기로 마음먹고 실제로 그 곳에 가기까지 준비한 시간은 고작 2주일이었다. 2주 동안 그녀는 학교 구인

코너에서, 도쿄에 있는 회사 중 사람을 구하는 몇몇 회사를 찾아 지원을 했고, 바로 이력서를 제출한 후 연락 온 한 회사를 믿고는 겁 없이 떠났다. 어떻게든 살 수 있으리라는 스스로에 대한 믿음 하나만 가지고 말이다.

그녀의 눈에 띄는 행동력은 이 일화뿐만이 아니다. 열여덟 살에 처음 도쿄로 올라와 몇 번의 회사 경험을 하고 나서, 스물세 살 때 처음으로 회사에서 독립하여 프리랜서로 일을 시작한다. 더 이상 자신의 두 발로 뛰지 않으면 먹고 살 방법이 없는 길을 선택한 것이다. 근무하던 회사에서 다음 회사로 옮기는 기간을 3일 이상 지체해본 적이 없었던 그녀는, 자신의 일을 하겠다고 마음먹고 나서도 마찬가지였다.

먼저 '회사에 소속되지 않고 독립적으로 일을 계속 해 나가기 위해서 무엇이 필요할까?'라는 질문에 대한 대답을 구하는데 3일! 그리고 디테일하게 영업을 하기 위해 필요한 명함과 자신을 알릴 간단한 개요서, 그리고 기본적인 업무 환경을 갖추기 위해 그녀에게 필요했던 시간은 딱 일주일이었다. 회사를 그만둔 지 일주일 만에, 자신의 회사 이름과 로고까지도 마무리 지었다.

그녀의 이야기를 듣고 있으면 '저게 어떻게 가능하지?'라고 의문을 제기하다가도, '사실 가능하지 못할 것도 없잖아' 하는 생각이 머리를 스치며 동기부여를 받기도 한다.

우리는 대개 무언가 새로운 일을 시도하려고 할 때, 너무 많은 절차를 생각한다. 한 회사에서 신상품이 나오는데 최소 6개월이 걸리는 것처럼, 내가 가지고 있는 아이디어를 구체화하고 그것을 실행에 옮기기까지 어렴풋이 그 정도 시간은 걸리는 것이 아닌가 하는 생각을 하며, 목표를 달성하는 데 걸리는 시간을 길게 잡는 경향이 있다.

그런데 생각을 조금 바꿔보자. 패션시장에서 과거에 9개월 만에 하던 일을 현재는 2주만에 한다는 것을 알고 있는가? 신상품을 만들기 위해 디자인을 하고, 다양한 공정을 거쳐, 발주를 하는 과정을 현재 스파(SPA) 브랜드가 단 2주 만에 가능하게 만들어 버렸다. 물론 기술적으로 속도가 빨라진 덕분이라고 얘기할 수도 있겠지만, 우리가 어떠한 일을 해내기 위해 걸릴 것이라고 생각했던 시간은 어찌 보면 우리가 만들어 놓은 관념적인 생각일는지도 모른다.

유학 준비를 하고 싶은가? 아니면 새로운 회사를 설립하고 싶은가? 마음이 정해졌다면 오래 끌지 말자. 마유미가 얘기했던 것처럼 몸을 움직이기 시작하다보면 풀리지 않던 문제의 답이 보이는 경우가 대다수다. 가만히 앉아서 고민할 때는 보이지 않던 것들이 일단 한 스텝 한 스텝 밟다보면 다음 단계가 좀 더 뚜렷하게 보인다. 스스로 새로운 생각과 기회를 만드는 것, 그것은 오로지 행동을 통해서만 가능하다.

가만히 있으면 아무 일도 일어나지 않는다. 행동해야만 결과가 따라온다

성공한 이들을 보면 부럽기만 하지만 그 이면을 들여다보면 정말 많은 고난을 겪었다는 것과 그 시련을 잘 견뎌내고 행동을 지속했다는 것을 알 수 있다.

《해리포터》의 작가 '조앤 K 롤링'은 20대 중반에 포르투갈에서 영어교사로 일을 하다가 한 남자를 만나 결혼을 하고 예쁜 딸을 낳았다. 하지만 2년이 채 안 되어 성격차이로 남편과 이혼을 하고, 4개월 젖먹이 딸을 데리고 여동생이 있던 스코틀랜드 에든버러로 이사를 한다. 일정한 수입이 없던 그녀는 정부 보조금에 의존할 수밖에 없었고, 이로 인해 적지 않은 모멸감을 느꼈다.

하지만 조앤은 그렇게 가난하게 살면서도 꿈을 잃지 않았고 시간이 날 때마다 글을 썼다. 미래를 위한 준비를 게을리하지 않았다. 일자리를 얻기 위해 교사 자격 인증 석사(PGCE) 학위 과정을 밟았고, 아기를 돌봐야 하는 힘든 일상 속에서도 자신의 꿈이었던 소설 집필을 계속했다.

그녀가 처음 해리포터의 발상을 얻은 것은 1990년 맨체스터에서 런던까지 기차를 타고 여행할 때라고 한다. 그리고 첫 구상으로부터 5년 뒤인 1995년에 첫 편《해리포터와 마법사의 돌》원고를 완성한다.

가끔 독자로서 이런 아찔한 상상을 해 본다. 당시 그녀가 자신이 처한 환경을 탓하며 당장에 먹고 사는 일을 위해서만 살았다면, 해리포터는 이 세상에 존재하지 않았을 것이라고. 그런 의미에서 어떤 상황에서도 글을 썼던 그녀의 의지와 끈기에 다시 한 번 큰 박수를 보내고 싶다. 그녀의 지속적 행동이 《해리포터》를 탄생시킨 것이다.

조앤 K 롤링의 삶에서도 볼 수 있듯이 세상 모든 일에는 인과관계가 있다. 어떤 행동을 취해야만 새로운 경험을 할 수 있는 것이다. 늘 행동에 대한 결과가 좋을 수는 없더라도 우리는 반드시 그 행동을 통해서 나에게 무엇이 더 나은 선택인지,

그리고 그 다음 단계는 무엇을 해야 할지 알 수 있게 된다. 계획은 '미리 예측한 그림'일 뿐이다. 인간의 예측이란 빗나가는 경우가 많기에, 행동을 하면서 새로운 그림들을 끼워 맞춰 가야 한다.

10,000 피스짜리 직소퍼즐의 그림을 맞추는데 맨 아래 열부터 차례대로 맞추겠다고 생각하면 시도조차 할 수 없게 된다. 그런데 먼저 보이는 것들부터 끼워 맞추다 보면 어렴풋이 큰 그림의 윤곽이 보인다.

계획을 세우는 것은 중요하다. 하지만 계획만 세우고 있으면 안 된다. 내가 먼저 할 수 있는 행동부터 시도하는 것이 좋다. 이것이 원하는 삶을 살고 있는 여성들의 가장 큰 공통점이라고 자신 있게 말할 수 있다.

4

[자기 발견]

자신의 키워드,
자기 색깔을 가져야 한다

시대를 움직이는 것은 원칙이 아니라
사람들의 다양한 개성이다.

_ 오스카 와일드 (아일랜드 극작가, 소설가)

　　자신을 대표할 만한 타이틀 혹은 키워드가 있다
는 것은 참 부러운 일이다. 키워드가 있다는 말은 자기만의 고
유한 색깔이 있다는 의미다. 본인만의 색깔이 없는 사람이 어
디 있겠느냐마는, 그것을 뚜렷하게 몇 개의 단어로 정의 내리
는 것은 쉬운 일이 아니다.

　　많은 사람이 인정하는 키워드를 가진 이들이 있다. '국민
MC'라 불리는 유재석 씨나, '토크쇼의 여왕'이라 불리는 오프라
윈프리가 대표적인 예다. 그들은 그만큼 자신의 명확한 정체성
을 가지고 있다. 유명인사로서의 수식어가 아니더라도 멋진 여
자들에게는 자신을 설명할 수 있는 몇 가지 키워드가 존재한다.

자기 브랜딩의 시작은
자신만의 키워드를 갖는 것이다

리치우먼 코리아 '윤지경' 대표는 '요가하는 재테크 강사'로 잘 알려져 있다. 그저 요가를 취미로 배우고 있다는 말이 아니다. 그녀는 핫요가로 알려진 비크람 요가에서부터 최근 유행하고 있는 EDM 요가까지 마스터해, 다양한 운동 프로그램을 알리는 강사로서 활동하고 있다. 뿐만 아니라 자신의 회사인 리치우먼 코리아를 통해서 재무 컨설팅과 세미나는 물론 심신 안정 및 스트레스를 관리해 주는 프로그램도 운영하고 있다.

처음 들으면 어울리지 않을 것 같았던 '요가'와 '재테크'의 궁합이 그녀의 말을 듣고 나면 인생에서 매우 중요한 몸과 재무(돈)라는 두 가지 요소를 동시에 보살피는 결합이라는 것을 알 수 있다.

지금껏 그녀는 삶에서 어려움이 있을 때마다 새로운 배움을 통해 극복해 왔다. 명문대학교 법대를 나온 그녀는 특이하게도 공연 마케터로서 첫 사회생활을 시작했다. 하지만 회사의 경영난으로 6개월 넘게 월급을 못 받는 서러움을 겪게 되자, 회사를 그만두고 미국으로 떠났다. 그리고 그곳에서 비크람 요

가를 배워 한국에서 요가 강사로서 일을 시작하게 되었다. 또한 펀드와 증권투자 상담사 자격증을 취득하여 본격적으로 재무 컨설팅 쪽의 일도 겸했다. 이후 8개월 간 킥복싱을 배워 필라테스와 복싱, 댄스를 결합한 운동인 필록싱도 가르칠 수 있게 되었다. 그녀는 스트레스가 한계점에 닿았거나, 삶이 느슨해졌다는 느낌을 받을 때면 새로운 운동을 배운다고 했다. 그렇게 배운 운동들을 결합해 새로운 운동 프로그램을 만들기도 하고, 자신의 재무 세미나 프로그램과 연결하기도 한다.

그녀는 자신의 책《놀면서 하는 재테크》에서 스스로를 나타내는 키워드를 BMW라고 소개하였다. 이는 BODY(몸), MONEY(돈) 그리고 WOMAN(여성)의 약자로 자신이 인생에서 가장 중요하게 여기는 세 가지라고 말했다. 이렇듯 자기 자신을 표현하는 몇 가지 키워드는 타인이 나를 좀 더 쉽게 인식할 수 있도록 돕는다.

자신만의 뚜렷한 색깔, 그것을 가지는 데는 끈기가 필요하다

네이버 블로그 '친절한 혜강씨'를 운영하는 '이혜강' 씨는 블로그 운영, 그리고 PPT 제작과 관련된 강의와 콘텐츠로 직장인들 사이에서 유명하다. 현재는 유튜브에서 '말이야와 친구들'이라는 키즈 콘텐츠를 제작하는 유튜브 크리에이터로 훨씬 더 유명해졌지만, 그녀는 여전히 '친절한 혜강씨'라는 자신의 타이틀을 사용하고 있다. 참 잘 지은 닉네임이라는 생각이 든다. 강사로서 많은 활동을 하는 그녀에게 무엇이든 물어 보아도 친절하게 답해줄 것 같다.

이렇게 자기 스스로가 만든 타이틀이라고 할지라도 꾸준히 같은 이미지와 컨셉으로 밀고 나간다면, 그것은 타인에게도 나를 개념화시키는 하나의 이미지가 된다. 이러한 예는 유명 블로거나 유튜브 크리에이터들에게서 쉽게 찾아볼 수 있는 공통점이다. 자신만의 키워드로 자신을 표현하는 것, 그것은 자기 커리어를 잘 개척해 온 여자들의 공통점이라고 할 수 있다.

간혹 '자신의 키워드를 만들고, 자신의 색깔을 찾으라'는 말을 오해해서 원래 자신이 가지고 있는 색깔이나 개성과 전혀 무관한 것을 자신의 키워드로 삼으려는 이들이 있다. 하지만 이렇게 만들어진 키워드는 오래 지속할 수 없다. 가장 중요한 것은 먼저 나를 인정하고 제대로 파악하는 일이다. 그 이후에 타인에 의해서 자주 듣던 나의 모습과 내가 생각하는 나의 모습의 접점에서 나만의 키워드를 찾아내야 한다. 이것이 진정한 내 키워드로 만들어지기 위해서는 끈기가 필요하다.

혜강 씨도 '친절한 혜강씨'라는 블로그를 운영하기 시작한 후 자신의 타이틀을 많은 이에게 인식시키기까지 몇 년의 시간이 걸렸다. 그렇기에 중요한 것은 내가 지속적으로 행동하는 모습을 보여줄 수 있는 진정한 나의 키워드를 찾는 것이다.

'청춘 유리'로 알려진 여행작가 '원유리' 씨는 열여덟 살 때 교환학생으로 일본에 가게 되었다. 그것을 계기로 자신의 여행 인생이 시작되었다고 한다. 자신의 20대 청춘을 가장 반짝반짝 빛나게 만들고 싶다는 염원을 담아 만든 SNS 계정의 이름이 '청춘 유리'였다. 이후 53개국 200여 개의 도시를 여행하면

서 올린 많은 여행사진에 열광한 팔로워들 덕분에 그녀의 타이틀이 '청춘 유리'로 굳혀진 것이다.

이렇듯 자신이 지속적으로 할 수 있는 행위가 뒷받침 되어야 그 키워드와 타이틀에 의미가 생기는 것이다. 내가 유튜브의 신이 되고 싶다고 해서, 하루 아침에 유튜브의 신이 될 수는 없다. 10년 이상 개인방송을 쉬지 않고 계속해 온 대도서관의 노력에 대한 보답으로 그에게 주어진 타이틀이 '유튜브의 신'인 것이다.

이렇듯 자신의 키워드와 타이틀을 가진 사람들은 분명 그러한 자기만의 색깔을 가지기 위한 인내의 시간이 있었다. 이러한 인내의 시간이 힘들지 않으려면 원래 내 모습을 대변할 수 있는 자연스러운 키워드나 타이틀이어야만 한다.

나 또한 '코스모지나'라는 유튜브 채널을 운영하고 있는데, 이는 코스모폴리탄(세계인)과 내 이름 진아의 합성어다. 내가 원하는 대로 전 세계를 다니면서, 새로운 프로젝트를 만들고 창조적인 삶을 살고자 하는 나의 염원을 담아 만든 타이틀이다. 만든 지 1년 반 정도 지났는데 성진아 하면 코스모지나가 연관검색어로 검색될 만큼 조금씩 인지도를 쌓아가고 있다. 물론 아직까지 내가 원하는 나의 모습을 보여주기에는 갈 길이 멀지만, 그것을 3년, 5년 지속적으로 쌓아가다 보면 내 타이틀로 자리 잡힐 것이라 믿는다.

이 일에는 열정과 끈기가 필요하다. 하지만 본인의 방식대로 잘 살아가고 싶다면 자기를 표현하는 '키워드'를 생각해 보는 것이 좋겠다. 나를 표현할 만한 키워드 만들기에 대한 팁은 5부에서 좀 더 자세히 전하도록 하겠다.

5

[자기 파악]

자신을 정확히 알기 위해 혼자만의 시간을 가져야 한다

혼자 있을 때 난 내 자신으로 되돌아간다.
성공은 공공연하게 만들어지지만,
재능은 혼자 있는 시간에 태어난다.

_ 마릴린 먼로 (미국 배우)

자기 자신을 제대로 이해하고 파악하는 것은 쉬운 일이 아니다. 대부분의 사람이 자기 자신을 잘 알고 있다고 착각하고 있지만, 종종 외부의 환경이나 타인의 생각에 의해 만들어진 자기 자신의 모습을 나 자신이라 믿고 살아가는 경우가 있다.

자신을 파악하는 가장 좋은 방법 중 하나는 자신을 낯선 환경에 노출시키는 것이다. 즉 혼자 여행을 떠나는 것이다. 최대한 한국인이 없는 곳, 한국말을 쓰지 않는 이국적인 곳으로 말이다. 그러면 지금껏 내가 만나보지 못한 또 다른 '나'라는 자아를 알게 될 것이다. 지금껏 몇 십년간 자신이 살아온 환경에서 내가 알고 있었던 내 모습이 아닌 나의 다른 모습을 발견할 수도 있다. 가까운 주변 사람들의 어떠한 의견도 개입되지 않은 '온전히 나'라는 존재를 마주할 수 있다는 것은 실로 흥분할 만한 일이다.

혼자 여행은 자신을 파악할 수 있는 시간이며 인생의 큰 전환점을 만든다

세라믹 아티스트, 도예 작가로 잘 알려진 도화 '김소영' 씨는 30대 초반의 나이에 산티아고 순례길을 네 번이나 다녀왔다. 그녀가 처음 산티아고 순례길에 올랐던 것은 스물다섯 살 때였다. 대학교를 졸업하고 첫 직장이던 쇼핑몰 회사에서 일을 하면서 여러 가지 고민을 하고 있던 시점이었다. 결국 지금의 도예 작가의 길을 걷게 해 준 것도 산티아고 순례길 덕분이라고 그녀는 말했다.

그녀는 스무 살 때 파울로 코엘료의《오 자히르》를 읽고 산티아고를 처음 알게 되었다고 한다. 이후 가슴 속 깊이 언젠간 그 곳에 가고야 말겠다는 꿈을 품었다. 졸업 후 일을 하면서 자

신의 인생에 잠시 쉼이 필요함을 깨닫고, 산티아고 순례길에 오르기로 마음 먹었다.

그녀는 여행 경비를 마련하기 위해 도자기 카네이션을 만들었다. 당시 자신이 활동하던 다양한 SNS를 통해 작품을 홍보했는데 반응이 뜨거웠다. 그 덕에 빠른 시간 내에 여행 경비를 모을 수 있었고 2011년에 첫 산티아고 순례길에 올랐다.

800km의 순례길을 걷는 여정은 그의 인생에서 가장 큰 전환점이 되었다. 혼자 걸으면서 나를 돌아보고 나를 만나는 시간을 갖게 된 것이다. 자기 자신을 파악하고 진정으로 자신이 원하는 것이 무엇인지, 정말 하고 싶은 것이 무엇인지를 알게 되었고 나아가야 할 방향도 정할 수 있었다. 그리고 무엇이든 할 수 있다는 자신감도 얻었다.

여행을 끝내고 돌아온 그녀는 도자기 공예 전문샵인 '비쥬앤'을 창업했다. 그리고 1년 뒤엔 도자기를 판매한 자금으로 조그만 개인 작업실도 오픈했다.

여행을 통해 이러한 인생의 전환점을 갖게 되는 사람은 생각보다 많다. 그녀는 이 산티아고 순례길에서 인생을 배웠다고 말했다. 내리쬐는 햇볕 아래 배낭을 짊어지고 약 한 달 간 끝이 보이지 않는 길을 걷는 과정이 인생의 축소판 같았다고 한다. 그리고 비울수록 더 큰 삶의 원동력을 얻을 수 있다는 것을 깨닫고, 자신의 라이프 스타일에도 이러한 비우는 힘을 중요시하게 되었다고 한다.

혼자 여행을 한다는 것은 묘한 매력이 있다. 나 또한 스물두 살 가을, 대학교를 휴학하고 혼자 80일 간 유럽 여행을 다녀온 경험이 있다. 이는 대학교에 입학하자마자 2년 간 치밀하게 계획하고 준비한 여행이었다. 고등학교 시절부터 '나 혼자 배낭여행을 가는 것'에 대한 꿈이 있었다. 유럽의 다양한 도시들을 돌아보는 것이 내 인생에 어마어마한 자산이 될 것이라 생각했기에 유럽을 가기로 정한 후 대학교에 입학하면서부터 여행 경비를 마련하기 위한 준비를 했다. 여러 개의 과외를 하며 악착같이 돈을 모았다.

그렇게 2년간 준비를 해서 갔던 여행인데 생각만큼 마냥 좋기만 한 것은 아니었다. 한 달이 지나고 여행의 중반 쯤 되었을 때다. 계속해서 떠돌이 생활을 하고 있는 나 자신을 돌아보며 '뭐 하러 이렇게 고생하고 돈 쓰면서 여행을 하고 있나' 하는 생각에 눈물이 핑 돈 적도 있다. 여행자가 되어보면 안다. 춥고, 배 고프고, 가끔은 혼자라 지루하고 심심했던 그 여정을. 장기여행을 하다보면 정확히 무엇을 해야 할지 모르겠는 날도 부지기수다. 가끔 아프기라도 한 날은 더 슬퍼진다.

하지만 거기서 일어났던 크고 작은 해프닝들과 만났던 사람들을 생각해 보면 모든 것이 귀한 추억이고 귀한 여행이었음을 깨닫게 된다. 평생 잊을 수 없는 여행이었다. 내 인생을 통틀어 나라는 사람을 가장 잘 알게 된 시간이었다.

이러한 시간을 통해 내가 무엇을 좋아하고 싫어하는지 무엇을 잘하는지를 조금이나마 파악하게 되면 미래를 결정하는 것이 쉬워진다. 뿐만 아니라 지금까지는 몰랐던 세상에 노출되다 보면 새로운 꿈이 생기도 한다. 가령 '스페인어를 배워야지', '꼭 해외에서 공부를 하고야 말겠어', 혹은 '언젠가 이 나라에서 살아보고 싶다' 등 다양한 내 안의 욕구들을 발견하게 된다.

　　나도 유럽 배낭여행을 통해서 교환학생의 꿈을 꾸었고 결국 프랑스 니스에서 내 인생의 아름다운 1년을 보낼 수 있었다. 이 모든 것이 다 여행 덕분이었다.

나를 찾아 떠나는
'혼자가 되는 시간'을 가져야 한다

　　매일 아침 7시면 스타벅스로 출근하던 시절이 있었다. 그렇게 꼬박 3년을 지냈다. 누가 시켜서가 아니었다. 스스로 그 곳이 내가 출근해야 할 장소라 여기며 그 곳에서 나의 아침을 시작했다.

　　나는 대학교 졸업 후 프리랜서의 길을 택했다. 내 스스로 택했다고 말할 수 있을지 모르겠지만, 회사원이 되고 싶지는 않았다. 나라는 사람을 너무도 잘 알았고, 아나운서라는 직업 이외에도 몇 가지 더 하고 싶은 일이 있었던 나는, 프리랜서 아나운서로서 일을 해야겠다고 마음 먹게 되었다.

　　그렇게 스물대여섯의 나이에 나는 스타벅스 직원도 아니면서 그 곳으로 출근하는 사람이 되었다. 지금 생각해 보면 그 당시 극도로 불안했던 것 같다. 초등학교를 입학한 이래로 대

학교까지 학교라는 울타리가 나를 학생이라는 이름으로 지켜주었는데, 대학교를 졸업하고 나니 어디에도 소속되지 않은 무소속인이었던 것이다. 주변 친구들은 정규직이든 계약직이든 어디든 취업을 하고 매일 아침 출근을 하는 목적지가 있었다. 하지만 나는 그럴 만한 곳이 없었기에 자발적으로 출근할 곳을 찾았던 것이다.

그 곳에서 매일 아침 컴퓨터를 만지작거리며 나만의 시간을 가졌는데 지금 생각해 보면 그것이 지금의 나를 있게 한 원천이다. 내가 7~8년간 프리랜서로 지내면서 다양한 일들을 할 수 있었던 것은 그 때 나를 찾고 나만의 시간을 가진 덕이다.

모든 인간에게는 오롯이 자신을 생각해 보고 성찰할 수 있는 시간이 필요하다. 자신을 생각해 볼 수 있는 시간을 갖지 못하면 미래를 그릴 수 없다. 어떠한 일을 시도해 보고, 결과를 보고, 왜 내가 실패 혹은 성공을 했는지 생각해 볼 수 있는 시간이 없다면 우리가 그 다음 어디로 나아가야 할지 방향 설정을 할 수 없게 된다. 그렇기에 자신을 파악하기 위한 혼자만의 시간을 따로 떼어두는 것이야 말로, 시간을 계획하는 데 있어서 가장 먼저 해야 할 일이다.

자기이해 지능을 높여야
'자아 존중감'과 '자신감'이 높아진다

자기이해 지능은 자기 자신을 이해하고 느낄 수 있는 인지적 능력을 말한다. 자신이 누구이며, 자신이 어떤 감정을 가졌고, 왜 이렇게 행동하는지 등 자신에 대해 이해하는 능력이다. 다양한 연구 결과, 자기이해 지능이 높은 사람일수록 자기 존중감과 자기향상감이 높다고 한다.

내가 만났던 멋진 여성들도 자기이해 지능이 높은 사람들이었다. 이처럼 자기 파악, 즉 자신을 이해한다는 것은 자신의 인생을 멋지게 살아갈 수 있는 첫 번째 단계다. 우리가 자기 자신을 이해하지 못하는 것은 지금껏 본연의 자신을 읽을 기회가 없었기 때문이다. 주변의 기준으로 주변에서 원하는 모습에 맞추고 평가된 표면적인 자신만을 관찰해 왔던 것이다. 즉 진짜 내가 아닌, 주변 환경에 의해서 만들어진 나 자신을 '나'라고 믿고 지내는 것이다.

자신을 잘 이해한다는 것은 한 사람의 자존감과도 연관이 있다. 즉 자기를 파악할 줄 알아야 자존감 그리고 자신감도 높아진다. 누구에게나 상대적인 강점이 있다. 이 상대적 강점을 잘 파악해야 인생을 자신감 있게 당당하게 살 수 있고 내가 원하는 인생을 설계할 수 있다.

그러기 위해서는 무엇보다 자신을 파악할 수 있는 시간을 가져야 한다. 그것이 혼자 여행이든, 머릿속으로만 생각했던 무언가를 배우는 일이든, 새로운 것에 노출되어야 한다. 혼자만의 시간을 갖지 않으면 나를 알 방법이 없다.

그러니 일단 내가 나를 돌아볼 수 있는 시간을 가져보자. 인생을 길게 보았을 때 잠시 학업이나 일을 그만둔다고 해서 크게 문제가 되진 않는다.

나는 20대에 누구보다 자아탐색을 많이 한 사람이다. 지난 8년간 회사에 소속되지 않고 프리랜서로 일하며 원하는 대로 살아갈 수 있었던 것도, 내가 하고자 하는 일들에 대한 확신이 있었기 때문이다. 이러한 확신은 혼자만의 시간을 통해 내가 정말 무엇을 하고 싶은지, 그리고 어떤 삶을 살고 싶은지 깊이 생각하고 대화하면서 얻은 것이다.

또한 혼자 생각하는 것에 그치는 것이 아니라 직접 나를 그 일에 던져 보았다. 패션 쪽의 일을 하고 싶어 여러 번 패션 회사에 지원했고, 그 중 한 회사에서 인턴을 하면서 나와 이 일이 맞는지에 대해 고민해 보기도 했다. 연기를 하고 싶다는 막연한 생각에 연기학원과 뮤지컬학원을 다니기도 했다. 실행해 봐야 무엇이든 나에게 맞는 옷인지 아닌지 알 수 있게 된다.

이렇게 자신만의 시간을 가지면, 자신의 길이 보이는 때가 온다. 중요한 것은 나와 대화할 수 있는 시간, 나를 이해할 수 있는 시간을 갖는 것이다.

6

[평생 배움]
배움은 인생을 가장 풍요롭게 만드는 열쇠다

배우기를 그만둔 사람은 20세든 80세든 늙은 것이다.
계속 배우는 사람들은 누구나 젊음을 가지고 있다.
삶에서 가장 위대한 일은 자신의 마음을 젊게 유지하는 것이다.

_ 헨리 포드 (포드자동차 창업자)

배움은 인간이 태어나면서부터 숙명적으로 해야 하는 과업 중의 하나다. 학교에서 받아야 하는 정규과정 교육에 대한 이야기가 아니라, 세상의 변화와 새로운 것을 배우고 익히는 모든 것을 지칭한다. 배움이 없다면 생물학적으로 보았을 때 도태됨을 의미한다.

태어났을 때부터 컴퓨터 혹은 스마트 폰을 당연하게 받아들인 세대도 있지만, 성인이 되어 그 사용법을 배워야 했던 이들도 있다. 이처럼 좀 더 편리하고 풍요롭게 살기 위해 필요한 배움도 있지만, 살면서 열정적으로 무언가 잘해 보고 싶다는 자신의 내면의 동기에 의해서 무언가를 배우는 경우도 있다.

이를 통해 자기도 몰랐던 재능을 찾고 새로운 직업을 갖게 되는 일도 비일비재하다.

이러한 내면적 동기에 행동력이 더해져 지속적으로 새로운 것을 배우게 된다면, 우리의 인생은 나이와 상관없이 끊임없이 발전할 수 있다. 원하는 삶을 멋지게 살아가는 여성들은 이를 알고 있었다. '삶 = 배움'이라는 것을, 우리는 죽을 때까지 무언가 새로운 것을 배워야 한다는 것을, 그래야 인생이 덜 지루할 수 있다는 것을 말이다.

새로운 것을 배우는 데
나이는 중요하지 않다

뒤늦게 예술가의 길에 접어들어 인생의 끝 무렵에 두각을 드러낸 사람이 생각보다 많다. 그 중에서 가장 인상적인 분은 바로 78세에 그림 그리기를 업(業)으로 시작한 '그랜마 모제스'(Grandma Moses)가 아닐까 싶다.

그녀는 한 평생 참으로 가난하게 살았다. 뉴욕 주 시골 마을에서 농부의 아내로 살면서 열 명의 아이를 낳았지만, 가난

때문에 그 중 다섯 명의 아이를 잃었다고 한다. 이런 모진 고통을 겪은 78세 할머니가 그린 그림은 어떤 모습일까? 그녀의 그림은 매우 서정적이고 따뜻하다. 기교가 없이 단순하다. 마치 그녀가 바라는 염원과 가장 행복했던 추억들을 그림에 담은 것처럼, 그녀의 그림 속에는 온정이 있다.

　그녀의 그림이 믿을 수 없을 정도로 놀라운 이유는 늦은 나이에 그렸다는 것 외에도 또 있다. 그녀는 제대로 된 그림 교육을 받은 적이 없다는 것이다. 애초에 가지고 있었던 자신의 재능을 늦게 발견한 것일 수도 있겠지만, 나는 그 이유를 그녀가 밖으로 나가 매일 그림을 그렸다는 것에서 발견한다.

　그녀에게 가장 즐거운 일은 그림을 그리는 일이었기에 하

루도 빠짐없이 그림을 그렸다. 그녀의 실력도 나날이 늘어갔다. 그녀의 그림은 묘하게 빠져드는 매력이 있다. 그녀의 그림을 좋아하는 사람이 하나 둘 생기기 시작했고 사람들의 응원에 힘입어 동네 약국에서 전시회를 열기도 했다. 비록 조촐한 첫 전시회였지만, 이를 계기로 그녀의 인생이 바뀌었다.

마침 그 길을 지나가던 유명 미술품 수집가의 눈에 할머니의 그림이 띈 것이다. 그녀의 작품은 뉴욕 메트로폴리탄 미술관부터 파리, 모스크바의 유명 갤러리에도 전시되었다.

동화 같은 이야기다. 하지만 그녀가 뒤늦게 용기를 내어 그림을 그리지 않았다면 있을 수 없는 일이다. 여든 가까운 나이에 그림을 그리기 시작한 그녀는 죽기 직전까지 그림을 그렸다. 101세의 나이로 세상을 떠날 때까지 약 20년 간 그녀가 남긴 작품은 무려 1,600점이었다고 한다.

모세스의 일화를 들으면 우리 인생은 늘 전환점이라는 것이 있는데, 그 시기에 새로운 배움을 택하는 것이 얼마나 값진 일인지를 깨닫게 된다.

영화 《줄리 앤 줄리아》에서 메릴 스트립이 역할을 맡았던 전설적 셰프 '줄리아 차일드'(Julia Child)도 30대까지는 미국 정부기관 소속으로 일을 하다가, 40세가 넘어서 르 꼬르동 블루(Le Cordon Bleu : 프랑스 요리학교)에서 요리를 배우기 시작했다.

당시 여자 요리사는 거의 없었을 뿐더러, 미국에는 프랑스 요리를 제대로 가르쳐 주는 책도 없었다. 그녀는 8년간 공들여 책을 발간하고 인지도를 쌓아갔다. 그리고 50대에 이르러서는 자신의 이름을 딴 최초 TV 요리 프로그램에도 출연했다.

40대에 처음 배운 요리가 자신의 남은 인생 50년을 '요리 연구가'라는 이름으로 살게 만들 줄은 그녀조차 상상하지 못했을 것이다. 그저 마음이 가는대로 새로운 것을 배웠고 도전했을 뿐인데 그녀의 인생이 완전 새로운 길로 바뀐 것이다.

무언가를 배우는 데 나이는 상관 없다. '이 나이에 뭘 배우겠어', '이제 배워서 뭐해?'라는 생각처럼 어리석은 생각은 없다. 배움을 통해 앞으로 남은 인생을 지금까지 살아온 인생보다 훨씬 재미있고 즐겁게 살아갈 수 있다. 배움을 통해 인생의 전환점을 만들 수 있다. 인생 2막을 열 수 있다.

망설이지 말고
시작하자

배움이라는 것은 그리 거창한 것이 아니다. 매일 하루 30분 씩 책을 읽는 시간을 내는 것이야 말로, 가장 쉽고도 저렴한 비용의 공부 방법이다. 지금까지 해보고 싶었던 것들을 생각해 보고 글을 쓰든, 그림을 그리든, 외국어를 배우든, 진짜 이루고 싶은 것을 위해 하루 한 시간씩이라도 시간을 내는 일, 그것이 바로 배움의 시작이다.

배움을 너무 거창하게 생각하면 시작하는 것이 쉽지 않다. 작은 것에서부터 시작해 보자. 단 이러한 배움이 그저 취미 생활에 그치지 않으려면 정확한 목표가 있어야 한다. 줄리아 차일드처럼 요리를 배워 요리책을 내겠다거나, 그랜마 모제스처럼 자신의 작품을 걸어 전시회를 한다거나 하는 일들 말이다.

물론 그러한 목표는 시작할 때 계획하는 것 보다는 배움을 지속하다 보면, 어느 샌가 자신의 마음속에서 무언가를 해야겠다는 생각이 들거나 혹은 누군가로부터 권유를 받을 수도 있으니 그 때 계획하는 것이 좋겠다.

일단은 시간을 내어 도전하는 것이 중요하다. 관심 있지만 그동안 살아가느라 바빠 배우지 못하고 미뤄 두었던 것을 배우기 시작하자. 한 달만 해 보아도 알 것이다. 그것이 나에게 맞는지 아닌지, 더 잘하고 싶은 열정이 생기는지 아닌지 말이다.

나는 지금껏 다양한 것을 배워 보았다. 독학으로 공부를 한 것도 있고, 학원이나 모임을 통해 배운 것도 있다. 대개 무언가 시작하기로 마음먹었으면 꾸준히 하는 편이지만 이상하게도 벨리댄스는 나에게 맞지 않는 것 같았다. 할 수 없이 하루만에 학원 수업권을 동생에게 양도했다. 설사 이러한 경우가 생긴다고 하더라도 무언가 배우고자 하는 마음이 생기면, 시도해 보는 것이 좋다. 시도하지 않았다면 그것이 나와 맞지 않는 것조차 몰랐을 것 아닌가?

그러니 일단 시도해 보자. 나의 마음을 설레게 하는 것이 있다면, 하고 싶은 마음이 새싹처럼 움튼다면, 더 이상 망설이지 말고 미루지 말고 시작하자. 그것이 인생의 운명적인 일과의 만남이 될 수도 있는 법이다.

새로운 것을 배우면
새로운 일이 생긴다

요즘은 학원에 가지 않아도 마음만 먹으면 인터넷을 통해 배울 수가 있다. 기타 치기, 스페인어 배우기, 컵케이크 만들기, 메이크업 배우기 등 자신이 원하는 것을 검색만 하면 독학할 수 있는 방법을 쉽게 찾을 수 있다. 물론 몸을 움직이는 일, 댄스나 스포츠는 강사에게 직접 배우는 것이 더 효과적이겠지만, 시간 및 비용적인 측면을 절약하기 위해서라면, 혼자 익히고 배우는 것도 좋은 방법이다.

나는 무언가를 잘 찾아서 혼자 스스로 배우는 사람 중 한 명이다. 중학교 때 처음으로 혼자 공부하기 시작한 일본어는 5년 이상 독학으로 공부하며 일본어 자격시험을 준비하기도 했다. 한국에서 열린 한일 학생모임을 통해 일본인 친구들을 사귀기도 했다. 이러한 배움은 훗날 내가 일본어 교육 강의와 일본 관련 방송을 할 수 있는 밑거름이 되었다.

또 최근에는 유튜브 영상을 만들기 시작하면서 영상을 찍고, 편집하는 일을 혼자 공부하게 되었다. 유튜브에는 이미 동영상 편집 프로그램을 어떻게 사용하고, 어떻게 하면 더 나은 영상을 만들 수 있는지에 대한 정보를 주는 채널이 많다.

물론 독학이라는 것 자체가 쉬운 일은 아니다. 기본적으로 그것을 배우고자 하는 열정이 충만해야 하고, 어떻게든 그것을 잘하고 싶다는 의지가 있어야 한다. 그렇지 않으면 시간을 쪼개서 혼자 공부하는 것은 불가능하다. 중도에 쉽게 포기하게 된다.

하지만 정말 마음이 가는 일, 해보고 싶었던 일이라면 힘들더라도 3년만 지속해서 배워보자. 그러면 세컨드 잡으로서의 가능성이 충분히 있다. 시작을 했다는 것은 씨앗을 뿌린 것이나 다름없으니 그것을 모종까지 키울 것인지, 큰 나무로 키울 것인지는 본인의 노력 여하에 달려 있는 것이다.

《여자에게 공부가 필요할 때》를 쓴 '김애리' 작가는 여자가 공부를 해야 하는 이유를 이렇게 설명한다. "공부만큼 확실한 투자처는 없다. 저금리, 아니 사실상 무금리 시대에 공부야말로 '저 리스크 고 리턴'의 확실한 결과가 나오는 투자처다." 그녀는 아파트보다 확실한 노후대비책이자 로또보다 확률 높은 인생 반전 아이템이 바로 공부라고 묘사하고 있다.

무엇을 배우든지 확실한 건 새로운 것을 배우면 새로운 일이 생긴다는 것이다. 남은 인생을 좀 더 재미있게 사는 법은 배움에서 찾을 수 있다. 그만큼 인생에서 배움이란 건 미래를 두렵지 않게 만들어 줄 든든한 투자처다.

[지지자들]

좋은 영향력을 주고받을 수 있는 사람을 곁에 두어야 한다

○ 성공은 네가 얼마나 많은 돈을 벌었느냐에 의해 평가되는 것이 아니라, 네가 다른 사람들의 삶에 얼마나 큰 변화를 만들어 냈느냐 달려 있다.

_ 미셸 오바마 (미국 전 퍼스트레이디)

나는 꽤나 SNS 헤비 유저(heavy user)다. 인스타그램과 페이스북은 물론이고, 유튜브에서 '코스모지나'라는 채널을 만들어 직접 영상을 올리고 있으며, 블로그에도 틈틈이 글을 쓴다. 그 외 트위터, 핀터레스트, 텀블러, 스냅챗 등을 이용하고 있다. 처음에는 내 삶을 기록하고 공유하기 위한 장으로 이용했었는데 이제는 내 구독자와 이웃들, 팬들이 점점 많아지면서 새로운 사람들과 이야기하고 소통하는 하나의 공간이 되었다.

나는 누구보다 '랜선 라이프'라는 용어가 무엇을 의미하는지 깊이 공감하는 사람 중 한 명이다. 이 시대의 멋진 여성들의 공통된 특징을 여기서도 발견했다. 물론 내가 그녀들을 알게 된 통로도 이 소셜 네트워크 서비스라는 랜선 공간인 경우가 많았지만, 그들은 대개 누군가의 '랜선 누나이자 언니', '랜선 이모' 심지어 '랜선 엄마'로 불리고 있었다.

　혹시 이 '랜선'이라는 말이 무엇인지 모르는 분들을 위해 잠시 언급하자면 랜선은 말 그대로 '인터넷 연결선'을 의미한다. 좀 더 쉽게 의역하면 온라인상의 누나, 언니, 이모, 엄마라는 이야기다.

주변 사람들과
좋은 영향력을 주고 받자

　SNS에 올라온 사진을 보고 상대적 박탈감을 느끼고 우울증을 호소하는 이들이 많다고 한다. SNS를 보고 있으면 멋지고 대단한 사람이 너무나 많은데 비해 자신이 초라하게 느껴지기 때문이다. SNS는 빛과 어둠이 공존하는 우리의 삶의 모습을 다 담지 않고 빛 부분만 담고 있기 때문일 것이다. 그렇다고 SNS가 부작용만 있는 것은 아니다.

　SNS를 통해 우울증과 고민을 해소하고 세상의 더 많은 사

람과 소통하는 이들도 있다. 최강동안 미모의 치과의사로 잘 알려진 '이수진' 원장(@sjeuro)이 바로 그러한 예다. 30대로 보이는 미모를 가진 그녀의 나이는 50세다. 처음에는 믿기지 않는 그녀의 동안 미모에 호기심이 생겼는데, 그녀의 책《느리게 어른이 되는 법》을 읽고서는 그녀의 생각과 삶을 대하는 방식에 더 반하게 되었다.

예전에 한 TV 프로그램에서 그녀를 'SNS 중독맘'이라는 타이틀로 소개한 적이 있는데, 그녀가 SNS를 시작하게 된 계기는 이러하다. 중학교 2학년 딸아이가 예전과는 다르게 엄마에게 짜증을 많이 부리자 이와 같은 고충을 어디 하소연할 데가 없어, 인스타그램에 자신의 넋두리를 올렸다. 그런데 여기에 '원래 중2병은 정말 무섭다'와 같은 위로의 댓글이 쏟아져 큰 위로를 받았다고 한다. 그렇게 그녀는 랜선을 통해 사람들과의 소통을 계속해서 이어나가게 되었고, 그녀를 '랜선 엄마'로 부르는 많은 팬들이 생기게 된 것이다.

> "세상에 혼자 이룬 성공은 없다. 누군가 나를 도왔고, 이 사회가 나를 필요로 했으니 이룬 성공이다. 그러니 언제나 감사와 겸손함을 마음에 품자. 그러면 내 마음도 더욱 단단해질 것이다."

그녀가 자신의 책 《느리게 어른이 되는 법》에서 전한 말이다. 난 이 말에 너무도 깊이 공감했다. 아무리 1인 가구, 나 혼자 사는 족들이 많아도 우리는 모두 사회적 동물이다. 서로의 따뜻한 기운이 우리를 움직이게 만들고 행동하게 만든다.

어찌 보면 1인 가구의 급속한 증가가 SNS의 사용을 부추기고 1인 미디어의 폭발적 성장의 계기가 되었을지도 모른다. 혼자 살고, 혼자 밥 먹고, 혼자 취미 생활을 가져야 하는 우리는 말은 안하지만 모두 외롭다. 그러다 보니 누군가와 얘기를 나누고 싶고, 서로의 관심 분야를 공유하고 싶고, 위로를 받고 싶은 것이다.

느껴본 사람이라면 알겠지만, 자신의 고민거리를 모르는

사람에게 털어놓는 것이 더 편할 때가 있다. 나도 유튜브 라이브 방송을 통해 많은 사람의 고민을 듣게 되는데, 그들도 아마 그러한 심정일 것이다.

혹자는 랜선 친구는 사귀기 쉬운 반면 끊기도 쉽고 깊이가 없다고 비난하지만 나는 랜선을 통한 관계를 그저 가볍게만 여길 수 없다고 생각한다. 이미 우리는 하루 삼시 세끼 밥을 먹듯, 매일 인터넷을 통해 보고 들으며 세상을 살아가고 있다. 그러한 새로운 플랫폼이 우리에게 과거에는 없던 새로운 관계를 만들어 준 것이다.

나 또한 유튜버로서 매번 영상을 기획하고, 찍고, 만들고, 업로드한다. 그런데 문득 이런 생각이 들 때가 있다. '아, 주말에도 내가 컴퓨터 앞에서 왜 이러고 있지?' 하는 생각 말이다. 물론 나는 전업 유튜버가 아니기에 주말과 자투리 시간을 쪼개야 하는 상황에서 오는 스트레스 때문일 것이다. 그런데 함께 소통하는 내 팬들이 있기에, 내 영상을 기다리는 이들이 있다는 생각에 이 일을 지금까지 지속할 수 있었다. 그들의 응원과 지지가 없었다면 지금 이러한 책을 쓰겠다는 생각을 못 했을 수도 있다.

모든 행동의 동기는 이렇게 자신을 지지해 주는 사람들에 의해서 생겨난다. 그 관계가 온라인에서든 오프라인에서든 말이다. 결국 우리는 함께 성장할 수 있는 서로의 지지자로서 좋은 영향력을 주고받아야 행복할 수 있다.

좋은 친구가 많다는 것이
내가 가진 재산이다

영화 《라라랜드》를 처음 봤을 때 왜 그렇게 많이 울었는지 모르겠다. 그런데 한 가지 확실히 기억나는 것은 그 영화를 보고 나서, 좀 더 열심히 살아야겠다는 확고한 의지가 내면에서 불타올랐다는 것이다.

대개 우리 삶의 자극은 사람과 사람 사이의 관계 속에서 형성된다. 그것이 긍정적인 자극이든, 부정적인 자극이든 사람을 통해 무언가를 더 잘하고 싶기도 하고, 거꾸로 주눅이 들거나, 하기가 싫어지는 경우도 생긴다. 자신이 원하는 삶을 살아가는 행복한 이들의 삶을 자세히 살펴보면 주변에 자신과 비슷한 열정을 가진 끌리는 사람들이 있기 마련이다.

누구나 살아가면서 한번쯤 누군가의 팬이 된다. 그 열렬함

의 정도에는 차이가 있겠지만, 나 또한 10대 시절 참으로 좋아했던 가수가 있다. 내 인생에 처음이자 마지막으로 팬클럽까지 가입하면서 응원했던 그녀, 가수 보아다. 나는 보아의 팬이 되어서 혜택을 본 몇 가지가 있는데, 그 중 하나가 '일본어 실력'이다. 중학교 1~2학년 때쯤 무작정 일본어를 독학하기로 마음먹었다. 이유는 단 한 가지! 당시 보아가 일본에서 활동을 하고 있었는데, 일본 버라이어티 쇼에 나오는 영상을 너무도 알아듣고 싶어서였다. 한글 자막이 달린 번역 영상이 올라오기는 했지만 며칠 뒤에나 올라왔고 그 마저도 안 올라오는 경우가 허다했다. 그래서 혼자서 히라가나, 카타가나를 쓰면서 공부를 시작했고 그 덕에 일본 드라마와 영화 등을 볼 수 있게 되었다. 나는 20대에도 일본어 공부하는데 많은 노력을 기울였으며 일본 문화도 익히고 공부했다. 더 중요한 건 내 인생의 소중한 인연, 나의 베스트 프렌즈, 유우카(ゆうか)와 유미(ゆみ)도 만날 수 있었다.

　사람을 행동하게 만드는 것은 대개 사람이다. 우리는 이렇듯 서로 에너지를 주고받는다. 그래서 주변에 좋은 사람이 많다는 것이야말로 인생에서 가장 큰 복이다. 살아가면서 무기력하고 무언가 잃어버린 것 같은 기분이 든다면, 닮고 싶은 에너지를 가진 사람을 찾아라.

"사람들은 다른 사람들의 열정에 끌리게 되어 있어. 자신이 잊은 걸 상기시켜 주니까"라는 라라랜드의 말처럼 우리는 열정적인 사람을 보면 그 사람의 열정을 닮고 싶어진다. 내가 잠시 잊고 있던 것을 상시시켜 주기 때문에… .

행복한 인생에서 가장 중요한 것은 사람이다

영화배우 오드리 햅번의 아들 루카 도티가 어머니를 가까이서 지켜본 이야기를 담고 있는 오드리 햅번의 회고록《오드리 앳 홈》이라는 책에서 이런 구절을 읽었다.

> "엄청 지루하게 들리겠지만 제가 생각하는 천국이란 로버트와 두 아들이 집에 있고, 반려견들, 멋진 영화 한 편, 맛있는 음식, 그리고 볼만한 TV 프로그램이 있는 곳이에요. 그것만 있으면 전 정말 더 없이 행복해요."

나는 이 말을 통해서 굉장히 큰 것을 깨달았다. '인생에서 행복이란 내 주변에 사람이 존재해야 하는 것이구나. 행복을 나눌 사람이 없다면, 그것은 진짜 행복이 아니구나'라고 말이다. 그녀의 남편과 두 아들, 그리고 반려견들 (사실 개는 사람과 같은 존재로 생각해야 할 것 같다. 그들은 우리에게 가족 같은 존재이니 말이다.) 이러한 존재가 천국을 만드는 핵심 요소다. 만약 이들이 없다면, 맛있는 음식을 먹어도 재미있는 영화를 보아도 행복하지 않을 것이다. 그녀가 생각한 천국에 대한 이미지는 우리의 보편적인 행복과도 닮아 있다.

줄리아 로버츠가 주연으로 나온 영화《먹고 기도하고 사랑하라》에서 이런 대사가 나온다. "내 단어를 찾았어요. 아트라베시아모!" 주인공 리즈(줄리아 로버츠 분)가 한 말이다. '아트라베시아모'는 이탈리아어로 '우리 함께 건너자'라는 의미인데, 나이가 들면서 점점 더 깨닫게 되는 것 중 하나는 세상에 혼자 이루어 낼 수 있는 위대한 일은 없다는 것이다.

학교를 다닐 적엔 혼자 시험공부 해서 좋은 성적을 받으면 그만이었다. 그런데 세상은 그렇게 간단하지가 않다. 내가 간절히 무언가를 이루려고 할 땐, 분명 누군가의 도움이 필요하다. 물론 나 또한 누군가에게 도움이 되어야 하고 말이다. 그것이 이 사회가 존재하는 이유라는 것을 어른이 되고 나서야 깨달았다.

　그리고 행복한 삶을 사는 멋진 여성들에게도 늘 이렇게 도
와주는 존재가 있었다. 그것이 직접적이든 간접적이든 그들의
지지자! 그들을 소리 없이 응원하는 팬들 말이다.

　그러니 인생에서 문제가 생겼을 땐 혼자 끙끙대지 말자.
함께 건너면 된다. 인생에서 가장 중요한 건 나와 함께 할 '사
람'인 것이다.

2

—

그들만의
특별한 생각은
뭘까?

—

1

그래서 난
내가 되기로 했다

○ 인간에게 가장 큰 행복은
바로 자기 자신이 되는 것이다.

_ 에라스무스 (네덜란드 인문학자)

우리는 모두 세상의 규칙에 적절히 맞춰 가기 위한 내 모습과 진짜 내 모습을 가지고 있다. 성인이 된 우리는 더 이상 어린아이처럼 무한정 초자아를 이 세상에 드러내지는 못한다. 가령 가지고 싶은 것을 갖지 못했다고 울지는 못한다는 얘기다. 남에게 피해를 끼치지 않는데도 진정한 자기 모습을 드러내거나 자기 생각을 주장하는 것을 꺼리는 경향이 있는 듯하다. 특히 회사나 학교에서와 같은 단체 생활에 있어서는 더욱 그러하다.

어떤 문제에 대해 대다수의 사람과 다른 생각과 의견 혹은 다른 라이프 스타일을 가진 경우에도 남의 눈치를 보면서 드러낼지 말지 고민해야 한다는 것은 참으로 슬픈 일이다.

　"인간에게 가장 큰 행복은 바로 자기 자신이 되는 것"이라고 에라스무스가 말했다. 비단 에라스무스만의 생각은 아닐 것이다.

　미국의 사상가이자 시인이었던 랄프 왈도 에머슨은 "끊임없이 너 스스로를 다른 무언가로 만들려고 하는 세상에서 너 자신이 되는 것은 정말 위대한 성취다"라고 얘기했다. 이 얼마나 멋진 말인가!

　그런데 한 편으로 '진정한 나 자신이 되는 것'이야말로 살아가면서 성취하기 참 어려운 과제 중 하나라는 것을 깨닫게 된다. 세상에 태어나 온전히 나로서 살다갈 수 있다는 것은 가장 큰 행복이다.

　상사에게 잘 보이기 위해 끊임없이 생각지도 않는 아첨을 해야 한다면 얼마나 피곤한 일인가? 대개 우리가 불행해지는 경우는 학교에서든 사회에서든 진짜 내가 알고 있던 나처럼 행동하지 못하게 될 때다.

가면을 벗으니
인생이 행복해졌다

《어떻게 나로 살 것인가》의 저자이자, 세계 최고의 라이프 코치로 극찬받으며 세계 유수 기업과 대학, 헐리우드 스타들을 성공적으로 코칭해 온 '로렌 헨델 젠더'는 우리의 인생이 행복하지 않은 결정적인 이유가 자기 자신에게 거짓말을 하기 때문이라고 얘기한다. 그녀가 자신의 책에서 했던 말을 잠시 살펴보자.

"나 자신을 속인 모든 거짓말이 나를 외롭게 만들었다. 나를 지키기 위해 했던 온갖 거짓말은 결과적으로 우리의 삶을 외롭게 만든다. 우리가 가면을 쓰고, 비밀을 만들고, 핑계를 대고, 거짓말을 할 때마다 스스로의 행복, 자존감, 자부심을 그 대가로 지불하고 있는 것이다."

우리가 스스로에게 거짓말을 한 대가가 자신의 행복과 자존감을 무너뜨리는 행위라니, 너무도 깊이 공감한 나머지 몇 번이고 이 문구를 읽었다.

우리는 주변의 많은 사람에게 좋은 사람으로 보이기 위해 실제로 자기 자신이 아닌 행동을 하거나, 원치 않는 말을 하는 경우가 많다. 이는 타인의 생각과 시선을 너무도 의식해서 하게 되는 실수다. 누구나 사회에서 그리고 공식적인 자리에서 쓰고 있는 가면이 있다. 하지만 그러한 가면을 쓰고 실제 자신이 믿고 있는 가치나 생각에 크게 충돌되는 거짓말을 하게 되면 문제가 발생한다.

자신의 삶에 만족감이 높은 사람은 이 사실을 알고 있다. 애써 다른 사람들이 좋아하는 말을 하지 않는다. 타인이 그런 내 모습을 싫어할 수도 있지만, 최소한 그 사람에게 실질적인 피해가 가지 않는다면 그 사람의 기분을 맞추기 위한 거짓말로 내 감정을 상하게 만드는 일은 하지 않는다. 내 마음속에서 진정으로 우러나지 않는 말들은 사실상 타인에게도 해롭다. 마치 벌거벗은 임금님처럼 그의 눈과 귀를 가리는 일이 될 수도 있기 때문이다.

결국 '너 자신이 되는 것이 가장 위대한 성취'라고 했던 랄프 왈도 에머슨의 말처럼 우리가 인생에서 얻을 수 있는 가장 위대한 행복은 '내가 되는 것'에서 온다. 그것은 가면을 벗고 진짜 나와 마주할 때 가능한 일이다.

대개 자존감이 낮은 사람들은 실제 자기 자신의 모습과 마주하는 것을 꺼려하는 경향이 있다. 자신이 생각하는 나는, 내가 만들어 놓은 사회 속 가면의 모습보다 한참 부족하다고 생각하기 때문이다. 하지만 그렇게 가면 뒤에 자기 자신을 감추면 감출수록 자존감의 상처는 더 커지게 마련이다. 가면 뒤의 얼굴에 어떠한 흉터가 있더라도 그것을 당당하게 드러낼 때 진정한 자유를 누릴 수 있게 된다.

그 흉터 또한 나 자신이다. 회복이 불가능한 흉터라면 그냥 그 모습을 있는 그대로 받아들이는 것이 행복한 삶을 살 수 있는 태도다.

우리가 살아갈 인생은 생각보다 길다. 조금씩 더 나은 내가 되기 위한 일들을 통해 스스로의 자존감을 높여가면 된다. 가면 뒤의 내 모습이 부끄럽다고 계속해서 감추는 것은 헨델이 말한 대로 '자신의 행복과 자존감을 무너뜨리는 행위'다. 그러니 행복을 되찾으려면 가면을 벗고 진짜 나와 마주해야 한다. 그리고 조금은 부족한 진짜의 나를 사랑해야 한다.

세상이 만든 잣대에
얽매이지 말자

오리온과 CJ 푸드를 거쳐 현재 YG 푸드 대표를 역임하고 있는 외식업계 마이더스의 손 '노희영' 대표는 예전에 한 토크 쇼에 나와 이런 이야기를 했다.

"저의 성공 비법은 내면에 숨어 있어요. 목표가 정해졌을 땐 오로지 그것만 생각하는 고도의 집중력이 첫 번째 성공 비법이고 두 번째 성공 비법은 변덕과 싫증을 잘 내는 성향이에요. 저는 지루함과 반복적인 것을 잘 견디지 못하는 성격인데 그것은 저의 단점이 아니라 장점이에요. 저의 그러한 성격은 끊임없이 새로운 것에 도전하는 것을 가능하게 한 원동력이죠."

매우 생뚱맞은 발상이다. 우리는 대개 성공의 첫 번째 요건을 인내와 끈기라고 믿는다. 1만 시간의 법칙 논리와 같이, 한 분야의 정상에 오르려면 꾸준하게 똑같은 것을 반복해야만 성공으로 갈 수 있는 길이 열린다고 믿고 있다. 성향이 산만하거나 끈기가 없고, 싫증을 잘 내는 태도를 가진 사람을 보면 성공자로서의 자질이 부족하다고 여긴다.

하지만 노 대표는 그러한 통념의 발상을 뒤집었다. 물론 그녀가 성공을 거머쥐었기에 이러한 얘기도 할 수 있는 것이 겠지만, 싫증이라는 성향을 긍정적으로 보고 자신이 있어야 할 곳을 끊임없이 찾아 나섰기에 의대에서 패션스쿨로, 단추를 판매하는 기업에서 지금의 외식업계로 길을 찾았고 거기에서 성공을 거둘 수 있었던 것이다.

세상이 만들어 놓은 잣대를 믿으며, 그저 그들이 내 단점이라고 단정지은 것을 곧이곧대로 믿으며 살았다면 있을 수 없는 일이었을 것이다. 중요한 것은 나 자신 그대로의 모습으로 편안해질 수 있는 올바른 장소를 찾는 것이다. 만약 그런 장소가 없다면 그저 나로서 존재해도 충분히 가치를 인정받을 수 있는 자리를 내 스스로 만들어 보는 것도 좋은 방법이다.

나답게 살아가는 것에
집중하라

나 자신을 있는 그대로 받아들인다는 것은 내가 내 자신을 제대로 알고 있을 때 가능한 얘기다. 매일 똑같이 반복되는 하루하루를 살다 보면 내가 무엇을 좋아하고, 무엇을 하고 싶고,

어디에 살고 싶고, 어떻게 살고 싶은지 생각해 볼 기회가 그리 많지 않다. 아니 정확히 말하면 그러한 생각을 해야 하는 것인지 모르는 이들도 많다.

사실 전과 똑같은 모습으로 살아간다고 해서 문제가 될 것은 없다. 다만 이 책을 읽고 있는 사람이라면 인생에서 뭔가를 더 원하고, 더 발전된 삶을 살고 싶은 욕구가 있을 것이라 생각한다. 좀 더 나은, 좀 더 원하는 삶을 지향하는 사람이라면 무엇보다 자신이 어떻게 살아가고 싶은지를 먼저 알아야 한다.

그렇기에 온전히 나대로의 모습으로 살아가는 것 이전에 해야 할 일은 '나를 알아가는 것'이다.

나는 계획벽이 있다. 아니 계획 세우기가 취미라고 할 만큼 무언가 계획을 세우고 그것을 이루는 일을 좋아한다. 참 요상한 취미라 생각한다. 그리고 대개 끝을 못 맺는 경우는 있어도 시작을 못하는 경우는 없다. 그것이 운동을 배우는 일이든, 여행을 하는 일이든, 새로운 언어를 배우는 일이든, 새로운 모임에 참석하는 일이든…. 자신을 알아가는 방법 중에서 가장 좋은 방법은 '임상실험'이다.

무슨 얘기냐 하면 자신이 무엇을 좋아하고, 무엇을 하고 싶은지는 경험을 해 봐야 알 수 있는 것이다. 평생 알리오올리오 파스타를 먹어 본 적이 없는 이는, 내가 그 파스타를 좋아하는지 싫어하는지 알 수 없는 노릇이다.

나 자신을 알려면 끝을 맺지 못한다 하더라도 다양한 것들, 내 머리 속에 떠오른 것들 혹은 관심 가는 것들을 시도해야 한다. 이것을 계속할 것인지 말 것인지는 이후에 정하면 된다. 그러면서 자신을 알아가면 되는 것이다. 그러다보면 어떤 게 나다움인지 어떻게 살아가는 것이 어떤 옷을 입고 사는 것이 내가 편안함을 느끼는지 알 수 있다.

그러니 일주일에 하루 정도는 온전히 자기 자신과 대화할 수 있는 시간을 가졌으면 한다. 이에 대한 실천적인 방법은 5부에서 자세히 알려드리도록 하겠다.

2

나에게 없는 것을 보지 않고
내가 가진 것에 집중하기로 했다

행복은 자신을 다른 사람과
비교하지 않는 것이다.

_ 영화 《꾸뻬씨의 행복여행》 중에서

살면서 누군가의 인생을 부러워해 본 적이 있는
가? 없다면 그건 거짓말일 것이다. 누군가의 부나 집안 환경,
가지고 있는 능력이나 스펙, 외모나 몸매 등, 함께 사는 사회에
서 우리는 타인과 비교되는 상대적인 나를 발견한다. 이를 통
해 나 자신을 깎아 내리기도 하고, 내가 가지지 못한 그것을 가
진 이들을 질투하고 은연 중에 미워하기도 한다.

나는 인류에게 주어진 가장 나쁜 감정이 질투라고 생각한
다. 물론 그 질투나 시기가 긍정적으로 쓰였을 때 자기 자신을
좀 더 발전시킬 수 있는 방향으로 나아갈 수도 있다는 건 일부
인정한다. 하지만 그것이 심해지면 자신의 영혼을 앗아가는 마

음의 질병이 되기도 한다.

인생에서 많은 것들은 상대적인 것이다. 우리가 살면서 비교하는 많은 것도 늘 누구보다는 잘하고, 누구보다는 못하는, 누구보다는 많고, 누구보다는 적은 그러한 것들이다. 그런데 이 질투라는 감정에서 더 나아가 자신이 더 나아질 방법이 없다는 생각이 들 때 우리는 '상대적 박탈감'을 느끼게 된다. 이런 감정은 우리가 좀 더 멋진 사람이 되는 것, 오롯이 나로서 존재할 수 있는 기쁨을 빼앗아간다.

그렇다면 어떻게 이러한 감정에서 벗어나 내 삶을 나답게, 그리고 좀 더 풍요롭게 가꿀 수 있을까?

우리는 모두
시작점이 다르다

《빈손으로 성공한 여자의 51가지 전략》의 저자 '하시모토 마유미'는 고졸 출신으로 열여덟 살에 도쿄로 상경해, 도쿄의 젊은 비즈니스맨 사이에서 성공의 상징이 되었다. 그녀는 상대적 박탈감을 느낄 만한 모든 조건을 가지고 있었다. 고졸이라는 짧은 가방끈, 혈혈단신으로 도쿄에 올라와 기댈 연줄 하나

없는 처지…. 그녀는 학력, 인맥, 돈 모두 없었지만 보란 듯이 성공한 요즘 시대에는 보기 드문 개천에서 용난 자수성가형 여성이다.

그녀는 여성들을 위한 강연에서 이런 말을 했다.

"본인이 상대적으로 부족한 결점들을 찬찬히 들여다보세요. 그것은 훗날 나 자신을 표현할 만한 매력적인 소재가 될 수 있습니다."

그렇다. 결점은 때론 매력이 될 수 있으며, 같은 결점을 공유한 누군가에겐 그 이야기가 희망이 되기도 한다. 결국 우리가 박탈감을 느끼는 돈, 학력, 인맥, 집안과 같은 요소들은 모두 내가 그것을 어떻게 바라보느냐에 달렸다.

우리는 모두 태어날 때부터 시작점이 다르다. 우리가 제대로 인생을 평가받으려면, 절대적인 점수로서의 평가가 아니라, 내가 시작한 시작점에서부터 지금까지 얼마만큼 발전했는지를 평가받아야 한다. 절대적 위치에서의 비교가 아니라, 내가 시작한 그 시작점에서 지금까지 성장한 위치가 더 중요하다는 말이다.

그리고 무엇보다 중요한 것은 나의 부족한 요소들을 어떻게 해석할 것인가의 문제다. 결국 마유미 씨처럼 박탈감을 가질 만한 요소를 매력적인 소재로 여길 수 있는 태도만 가질 수 있다면 우리는 그러한 감정에서 조금씩 벗어날 수 있을 것이다.

타인과 비교하지 말고
나 자신에 집중하자

카.페.인 우울증이라는 말이 있다. 카페인 우울증이란 카카오톡·페이스북·인스타그램 등 SNS으로 인한 상대적 박탈감으로 생긴 우울증을 지칭한다. 한 정신건강의학과의원의 최근 통계를 보면 병원을 찾는 10~20대 환자 열 명 중 다섯 명 이상은 'SNS로 인한 우울감'을 호소한다고 한다. 특히 젊은 층일수록 SNS를 통한 박탈감을 더 많이 느낀다고 하는데, 이는 상대적으로 소셜미디어 사용량이 많은 연령층이기에 더욱 크게 영향을 받는 것으로 보여진다.

자기계발과 동기부여 유튜브 채널로 60만 명이 넘는 구독자를 보유하고 있는 '에일린'(Aileen, @lavendaire)은 나답게 살고, 각자가 꿈꾸는 삶을 살아갈 수 있는 방법에 대해 많은 이야기를 전하고 있다.

그녀는 자신 또한 대학교를 졸업한 후 너무나도 심한 방황을 했고, 자신이 원하는 삶을 사는 일이 너무나도 멀게 느껴졌다고 한다. 특히 자기비판이 매우 심했는데, 그 영향은 SNS를 통한 비교의식 때문이라고 고백했다. 이후 영상으로 〈자기비판을 극복하는 방법〉에 대해 소개하면서 그럴 땐 SNS를 잠시 접을 것을 권했다.

많은 10~20대들이 SNS를 통해 다른 사람과 자기 자신의 삶을 비교하며, 자신은 그들보다 비생산적이고, 능력이 없다고 생각한다. 그들처럼 타고난 부나 재산을 소유하지 못한 것에 대해 한탄하며 자신이 더 잘 살아갈 수 있는 삶조차 포기하기도 한다. 이는 자신을 가장 나쁜 길로 몰고 가는 방법이다.

우리가 내가 가진 장점과 강점, 내가 가지고 있고, 할 수 있

2부. 그들만의 특별한 생각은 뭘까? **091**

는 것에만 좀 더 집중한다면 인생은 반드시 더 행복해질 것이다. 무엇보다 자신이 SNS를 보면서 '카페인 우울증'을 겪고 있다면 빨리 SNS를 멈춰야 한다.

타인의 삶을 그렇게 많이 볼 필요가 없다. SNS에 올라오는 내용은 누군가에 의해 각색되어진 모습이다. 그러니 그것을 보면서 자신을 비하하는 것은 정말 바보 같은 짓이다. 카페인 우울증으로 상대적 박탈감을 겪고 있다면 이제 SNS 알람을 끄자.

없는 것 때문에
있는 것을 잃어서는 안 된다

대개 사람들은 자신이 부족한 것, 가지지 못한 것에 집중하기 때문에 상대적 박탈감을 느낀다. 20대에 100억 이상을 벌었다는 젊은 CEO, 학창 시절에 나보다 못하다고 생각했는데 시집 잘 간 친구, 부모 잘 만나 특례입학 혹은 낙하산으로 회사에 들어 온 아무개.

그것이 그 사람의 능력이 아니라 남이 만들어 주거나 그저 운이 조금 더 좋아서 얻은 기회임에도, 우리는 나 자신을 그들보다 못하고 부족하다고 단정 짓고 좌절한다. 그것을 내 노력이나 능력으로는 얻지 못할 것이라는 생각이 나를 짓누르기에 더욱 그러하고 우울한 것이다.

자신의 믿음에 따라 인생이 얼마만큼 변하는지 과학적으로 설명한 책《왓칭》에는 이러한 구절이 나온다.

"난 모든 걸 할 수는 없다. 하지만 할 수 있는 게 분명히 몇 가지는 있다. 할 수 없는 것 때문에 할 수 있는 것까지 포기하지는 않겠다."

내가 가지지 못한 것, 가지지 못한 능력에 집중하면 내가 가지고 있는 것, 잘 할 수 있는 것조차 보이지 않게 된다. 내가 행복해질 수 있는 방법은 첫 번째로 나 자신을 있는 그대로 인정하고 받아들이는 것이다. 나 자신을 있는 그대로 인정하며, 내가 할 수 있는 몇 가지 것들에 집중해야 한다.

결국 나답게 살고 있고, 자신의 삶의 행복을 즐길 줄 아는 멋진 이들은 '자기 인정'에서 모든 것이 비롯된다는 사실을 안다. 상대적 박탈감을 해결해 줄 첫 번째 단추도 '자기 인정'에서부터 풀어야 한다.

인생에 대한 모든 감정은 선택의 문제다. 자신이 행복하기로 선택을 하든, 아니면 끊임없이 비교하며 불행한 감정을 가지고 살아가든 어차피 선택할 수 있는 힘은 나에게 있다. 그렇다면 왜 굳이 내가 가지지 않은 것에 집중을 해서 내가 이미 가진 것과 잘 할 수 있는 것에 대한 기쁨까지 빼앗기는가? 이는 내 안에서 나를 갉아먹고 있는 사탄을 이해하지 못하기 때문이다.

미국의 유명 작가이자 강연자인 팀 페리스가 쓴 책《타이탄의 도구들》에는 "마라에게 차를 대접하라"는 구절이 나온다. 부처(Buddha)는 마라(마왕)를 귀한 손님 모시듯 차를 대접하며 모시고 "마라여, 내가 너를 본다"고 했다. 그러면 마라는 잠시 앉아 있다가 이내 가곤 했다.

그 마라는 곧 우리 자신이다. 즉 분노를 비롯한 우리의 부정적인 감정들을 억누르거나 쫓아내지 않고, '아, 분노의 감정이 나를 또 찾아 왔군' 하고 그 존재를 의식적으로 알아차리는 것이 중요하다. 맞서 싸우지 않고 부정적인 감정에 이름을 붙이고 바라만 보면 우리는 그것들에 휘말리지 않을 수 있다.

상대적인 박탈감과 같은 부정적 손님이 내 안에 찾아왔다면, 그 존재를 알아차리고 조용히 맞이하자. 그리고 그가 좀 더 빨리 떠나갈 수 있도록, 지금 현재 내가 가지고 있는 것, 할 수 있는 몇 가지의 일들에 집중해 보자. 그러면 환영받지 못한 그 못된 감정은 조용히 자기 발로 떠날 것이다.

3

꿈꾸는 것 자체가 행복이고
삶의 이유다

내가 누구인지 알려고 하는 것은 별로 의미가 없습니다.
중요한 것은 어떤 사람이 되고 싶은가이고,
그렇게 되려고 열심히 노력하는 것입니다.

_ 닐 도널드 월쉬 (미국 작가)

　　자기계발 분야의 유명한 블로거이자 작가인 벤저
민 하디(Benjamin Hardy)는 그의 저서 《최고의 변화는 어디서 시
작되는가》에서 "모든 영웅은 상황의 산물이다"라는 말을 했다.
　　그런데 나는 꿈 또한 '상황의 산물'이라는 생각이 든다. 뿐
만 아니라 꿈은 그 상황에 따라 진화한다. 대개 꿈이란 것은 나
에게 어떠한 충격이 가해졌을 때, 혹은 문제가 생겨 그 문제를
해결하려는 과정에서 생겨난다. 가령 마이클잭슨의 춤을 보고
어마어마한 충격을 받은 이가 댄서를 꿈꾸게 된다거나, 어릴
적 너무 아팠던 경험에 의해 그러한 사람을 돕고자 의사가 되
기로 결심한다거나 하는 식이다. 즉 외부에서든 내부에서든 어

떠한 자극과 충격이 가해져야 피어나는 것이 꿈이란 얘기다.

우연히 시작한 운동으로
새로운 꿈을 찾다

요가 및 필라테스 강사이자 건강한 운동 멘토로 유명한 바베바니(@babebani) '강현경' 씨는 예쁜 외모와 여리여리한 허리의 소유자로 많은 여성에게 운동 자극을 주는 헬스타그래머(헬스와 운동 모습을 주로 업로드하는 인스타그래머)다.

이미 팔로워가 40만 명을 넘어선 그녀는 자신의 SNS를 통해서 많은 여성이 예쁘고 건강한 몸매를 만들 수 있도록 팁과 운동 방법을 전하고 있다. 특이한 건 그녀가 처음부터 요가 강사로서 사회생활을 시작한 것이 아니라는 점이다. 한 인터뷰에서 그녀는 이렇게 말했다.

"대학교 졸업 후 시각디자이너로 일을 했어요. 매일 아침 8시 30분에 출근해서 하루 종일 쉴 틈 없이 일하면서도 야근을 밥 먹듯하고 스트레스도 많이 받았어요. 식사도 제때 못하고 잠도 제때

못자니까 점점 건강이 악화되더라고요. 그러다보니 몸이 조금만 아파도 사소한 일에 쉽게 짜증을 내고, 늘 예민해서 두통을 달고 살았어요. 일에도 점점 더 회의감이 들었고 계속 이렇게 살면 안 되겠다 싶었는데, 문득 운동을 해야겠다는 생각을 하게 되었어요. 그래서 바로 가까운 헬스장에 등록했어요."

그렇게 시작하게 된 운동이 자신의 인생을 지금과 같은 모습으로 변화시키리라곤 당시엔 상상하지 못했다.

"처음엔 동작 하나 하는데도 다리가 부들부들 떨리고 힘들었는데, 꾸준히 반복하니까 단련이 되더라고요. 덕분에 건강도 좋아지고, 스트레스와 짜증도 거짓말처럼 말끔히 사라졌어요. 운동을 하

며 맛본 행복감이 꽤 매력적이었어요. 웨이트 트레이닝도 좋았지만, 몸매 라인을 좀 더 매끈하게 가꿔주는 필라테스가 저한테는 더 잘 맞는 것 같아요. 그렇게 운동을 지속해 필라테스 강사 자격증을 따게 되었고, 지금은 필라테스 강사이자 운동 멘토 바베바니 강현경으로 살고 있습니다."

그녀가 건강을 회복하기 위해 우연히 시작한 운동은 그렇게 자신의 새로운 삶의 비전이자 꿈이 되었다.

어릴 적 우리가 생각하는 꿈 혹은 장래희망은 하나의 고정된 것이었다. 선생님, 아나운서, 가수, 변호사, 의사 등 무언가 뚜렷한 하나의 꿈이 없는 경우엔 조금 이상한 사람으로 여기곤 했다.

그런데 나는 꿈이 없어서 문제가 아니라 꿈이 너무 많아서 문제였다. 당시엔 '왜 여러 가지를 하면서 살 순 없는 거지?'라는 질문에 답을 못했지만 지금은 안다. 꿈이라는 것은 하나의 고정된 형태로 존재하는 법이 없다는 것을.

새로운 도전을 시작하면 새로운 꿈이 생긴다. 그 새로운 꿈은 또 다른 꿈을 낳는다. 내가 여기서 말하는 꿈이란 그저 직업을 의미하는 것은 아니다. 무언가 하고 싶다는 내 마음속 '꿈

틀대는 무언가'를 의미하는 것이다.

모든 것은 행동에서 시작한다. 강현경 씨 또한 운동을 시작하지 않았다면 지금의 그녀도 없었을 것이다. 자신의 삶의 문제점을 바로 잡으려고 시작했던 운동이 새로운 꿈을 가져다준 것이다.

71세에도
크리에이터로 성공할 수 있다

너무도 유명한 그랜마(grandma) 셀럽이 있다. 그녀는 연예인 커버 메이크업부터 시작해서 요리, ASMR(Autonomous Sensory Meridian Response, 자율 감각 쾌락 반응)까지 다양한 콘텐츠를 다루는 유튜버다. 이쯤 얘기하면 많은 분이 눈치챘을 것이다. 바로 '박막례' 할머니다.

그녀는 얼마 전 미국 구글 본사에 초청을 받아, 전 세계 개발자들과 만남을 갖는 자리에 대한민국 대표로 참석하기도 했다. 그녀는 자신의 이러한 인생 변화에 놀라고 있다. 이는 유튜브를 시작한지 1년이 좀 넘은 상황에서 구독자가 50만 명이

넘었고, 미국으로 초청까지 받는 기이한 일들이 자신의 인생에 펼쳐졌기 때문이다. 뿐만 아니라 길거리를 지나다니다 보면 많은 사람이 알아볼 정도로 유명한 셀럽이 되었다.

**"내 인생 부침개 같더라고,
확 뒤집어져뿌렀당께."**

그녀의 전라도 사투리에는 분명 매력이 있다. 스스로도 '한번 보면 끊을 수 없는 마성의 매력, 71세 크리에이터 박막례 할머니'라고 소개를 한다.

그녀의 인생 스토리를 들어보면 지금의 유쾌함이 조금 놀

랍기도 하다. 넉넉하지 않은 살림에 3남매를 혼자 키우며 억척같이 살다가, 우연히 시작한 식당 장사가 잘되어 지금까지 43년간 식당을 운영하고 있었다.

그런 그녀가 어떻게 유튜브를 시작하게 되었을까? 그 이면에는 그녀의 손녀가 있다. 손녀 유라 씨는 할머니가 치매에 걸릴 위험이 높다는 사실을 알게 된 후 치매를 예방하는 차원에서 영상 촬영을 제안했다. 그렇게 시작한 영상이 할머니와 함께 떠난 호주 휴가지에서의 다이빙하는 영상이었다고 한다.

첫 편부터 엄청난 화제를 모으고 하루아침에 SNS 스타가 되었다. 이후 '계모임 갈 때 하는 메이크업' 등 자신의 미용 비법이나 그녀만의 설득력 있는 '치매에 걸리지 않는 방법' 등 생각지 못한 다양한 주제에서부터 소소한 일상까지 담았다. 많은 사람으로부터 웬만한 예능 프로그램보다 재미있다는 평을 받기 시작하면서 지금의 그녀 Korea Grandma, 박막례 할머니가 탄생하게 된 것이다.

그녀의 생활은 유튜브의 세계에 발을 디딘 후 완전히 달라졌다. 물론 처음 시작은 계획했던 것이 아니라 우연히 일어난 일이었다. 하지만 그녀는 새로운 것에 도전하는 것을 망설이지 않았다.

"보통 70세가 지나면 많은 사람이 자기 인생은 끝났다고 생각한다. 하지만 나는 유튜버로 활동하면서 내 인생이 71세부터 다시 시작했다는 것을 실감하게 되었다."

그녀는 유튜브를 시작하고 나서 변한 자신의 삶에 대한 소감을 이렇게 말했다. 손녀가 영상을 찍어 올리자고 제안했을 때 이 나이에 무슨 영상이냐고 하며 지나쳤을 수도 있다. 하지만 그녀는 70세임에도 새로운 일에 도전했다. 그리고 그 영상에서 자신을 스스럼없이 보여 주었다. 그녀가 살아온 삶을 통해 만들어진 재미와 찰진 멘트 덕에 많은 사람에게 사랑을 받고 있는 것이다.

박막례 할머니는 영상을 통해 많은 사람과 소통하면서 기쁨과 보람을 느꼈고, 이 일은 그녀에게 새로운 꿈을 꾸게 했다. 그렇게 하나의 행동이 다른 꿈으로 진화하게 된 것이다.

박막례 할머니의 사례는 많은 사람에게 희망을 준다. 인생의 말년이라 불릴 만한 70대에도 무언가를 새롭게 시작할 수 있고, 계속해서 새로운 것을 배우며, 남들에게 웃음을 줄 수 있다는 것이 얼마나 멋진 일인가? 남들은 늦었다고 생각하는 그 나이에 계속해서 새로운 콘텐츠를 만들고 전 세계 사람들과 소통한다는 것! 박막례 할머니는 71세에도 새로운 꿈을 꾸고 새로운 일을 시작할 수 있다는 것을 보여준 선구자다.

그녀는 너무 일찍 꿈을 접은 50~60대에게 도전의 불길을 당기게끔 할 것이다. 늦은 나이라고 망설이고 있는 사람이 새롭게 시작할 수 있도록 용기와 희망을 주는 롤 모델이 될 것이다. 살아있는 한 새로운 꿈을 꾸기에 늦은 때는 없다는 것, 그리고 그러한 꿈은 계속해서 진화한다는 것을 보여주고 있다. 나 또한 그녀의 지속적인 새로운 도전을 응원한다.

꿈꾼다는 것 그 자체가 매우 행복한 일이다. 나에게 설레는 감정을 주는 그 무언가가 있다는 것이 늘 우리 삶의 이유가 된다.

그런데 위의 두 사례에서 보았다시피 처음부터 정확한 꿈을 꾼 사람은 많지 않다. 어쩌다 시작한 나의 행동에서 자신이 뜨거운 열정과 재미를 느꼈고, 그 일이 새로운 행동을 또 하게 만들어 내는 것이다. 꿈이라는 것은 하나일 필요도 없고, 한 자리에서 고정된 것일 필요도 없다. 중요한 것은 하고 싶다는 내 안의 열정과 그것을 발현시킬 만한 좋은 환경을 찾아 스스로 행동하는 것이다.

무엇보다 중요한 것은 행동이다.
행동할 때 꿈이 이루어진다

나는 늘 하고 싶은 것, 도전하고 싶은 것이 많다. 도무지 한 가지 직업만 가지고 살 자신이 없었다. 늘 새로운 것을 배우고 혼자만의 프로젝트를 분기별로 세우는 나에겐 고정된 직장에서 시키는 일을 한다는 것은 인생의 고문과도 같았다. 그런데 먹고 살기 위해 안정된 직장을 찾고, 내 이런 성향을 죽여 가며 살아야 한다? 그 질문에 '노'라는 대답을 내렸기에 20대 중반부터 자발적 미취업을 택했고, 그렇게 프리랜서로 7년을 살았다. 프리랜서 아나운서의 일을 주업으로, 외국어 강사, 스피치 강사, 모델, 쇼호스트 그리고 유튜버로서 영상제작을 하는 일도 이젠 나의 직업이 되었다.

물론 이 모든 것을 하기 위해 새롭게 배우고, 도전해야 했던 과거가 있다. 또한 잠시 화장품 해외 수출 관련 일과 가방 브랜드 런칭도 시도해 본 적이 있다. 모든 일이 늘 잘 풀리진 않았다. 하지만 나는 이 모든 일이 내 인생에 있어 중요한 경험적 자산이라 믿는다.

혹자는 이러한 성향이 커리어의 전문성을 높이는 데 방해가 된다고 하지만, 나는 이에 동의하지 않는다. 세상에는 한 가지 일에 최적화된 사람도 있지만, 하나의 분야에는 덜 전문적이라 할지라도 다양한 분야를 두루두루 알고 있어, 이것을 복합 융화시켜 새로운 것을 만들어내는 이들도 있다. 모두가 한 분야를 빠삭하게 알고 있는 전문가가 될 필요는 없다. 만약 내가 일을 하는 데 있어 그러한 분야의 고도의 전문성을 필요로 한다면 그러한 사람을 고용하든, 함께 협업을 하면 되는 것이다.

커리어를 쌓는데 있어 전문성이냐 다양성이냐는 우위를 가릴 수 없다. 다만 중요한 것은 자신의 성향을 정확히 파악하고, 행동을 지속하는 것이다.

꿈에 관하여 마지막으로 말씀드리고 싶은 것은 내가 설레는 것을 정확하게 파악하고, 그 일을 위해 행동하는 것이다. 행동을 하면 분명 새로운 일들이 생길 것이다. 그것이 내가 말하고 싶은 '꿈의 진화'다. 그러니 너무 먼 미래를 혼자 단정 짓지 말자. 꿈은 진화한다.

4

단점을 당당하게 드러내는 것이
내 매력이다

당신을 다르게 만드는 것이
당신의 강점이다.

_ 메릴 스트립 (미국 배우)

자기 자신을 남들에게 솔직하게 드러내 보일 수 있다는 것은 쉽지 않은 일이다. 그것은 자신의 모든 면을 그대로 인정하고, 자기 스스로 괜찮은 사람이라고 인정했을 때만 가능한 행동이기 때문이다.

대중 앞에 서야 하는 유명인사는 늘 많은 사람에게 자신을 보여줘야 한다. 그러다보니 잘못된 언행으로 대중의 질타를 받는 경우도 종종 보게 된다. 하지만 많은 사람이 인정할 만큼 당당하고 멋진 모습을 보여주는 이들도 있는데, 그들은 매우 솔직하다. 자신의 단점이나 부족한 점을 서슴없이 드러낸다. 이렇게 행동할 수 있는 이유는 남들이 생각하기에 단점 혹은 약

점이라 생각하는 것을 스스로는 부끄러워하거나 거리끼지 않기 때문이다. 그들은 그러한 점도 나의 일부라고 수용하며, 그러한 부분을 들키지 않을까 하는 마음에 노심초사 하지 않는다.

발음이나 억양이 다른 게
당연한 거 아냐?

미국 시트콤 〈모던 패밀리〉로 유명세를 탄 콜롬비아 출신 여배우, '소피아 베르가라'(Sofia Vergara)는 아름다운 외모와 바디라인과는 조금 동떨어진 목소리와 액센트를 가지고 있다. 그녀의 출신지가 얘기해주듯 그녀는 라틴계의 강한 액센트를 가지고 있으며 영어를 쓸 때도 이러한 점을 여과 없이 드러낸다.

그녀는 한국에서 '똑뚜미' 여사로 통한다. 〈모던 패밀리〉에서 글로리아 역으로 나올 때 'Talk to Me'를 '똑뚜미'로 발음했기 때문이다. 어떻게 보면 그녀를 사랑하는 팬들이 그 말투가 귀여워서 붙여준 이름일 것이다. 그녀는 다양한 TV쇼 프로그램에 나와, 이상하게 들릴 수도 있는 자신의 액센트를 너무도 유쾌하고 재미있게 희화화했다. 아마 많은 사람이 이러한 소피아의 성격에 반했을 것이다.

그녀는 2014년에는 세계에서 가장 영향력 있는 여성 32위에 오르기도 했다. 이러한 순위는 그만큼 대중이 그녀를 사랑했다는 증거다. 많은 사람이 그녀를 사랑하는 것은 그녀의 당당함과 유쾌함 때문일 것이다.

그녀에게는 스무 살에 출산해 이미 다 자란 아들이 한 명 있는데, 자신의 아들과 함께 길거리를 돌아다니면 남자친구로 오해를 한다며 너스레를 떨기도 한다. 심지어 그것을 즐긴다고 한다. 그녀는 자신의 인생에서 어떠한 실수가 있었든지 간에 그것을 받아들이고, 많은 이에게 자연스럽게 이야기했다. 그것이 그녀의 성공요인이 아닐까 싶다.

대개 자신의 영어발음이 이상하다고 생각하면, 영어를 사용하는 것에 위축된다. 그러다보니 영어가 모국어가 아닌 사람으로서, 자기 출신을 드러내는 억양으로 당당하게 말하는 소피아를 보면 부러울 수밖에 없다. 많은 사람이 그녀를 통해 용기를 얻었을 것이다. '저렇게 당당해도 되는구나' 하고 말이다.

어릴 적부터 영어권에 살지 않은 사람이 성인이 되어 네이티브처럼 발음한다는 것은 극히 드문 일이다. 소피아도 스스로 좀 더 나은 발음과 엑센트로 말하기 위해 노력을 해 보았지만, 쉽지 않았다고 한다. 그래서 그녀는 본인의 모습을 인정하고, 그러한 모습을 재미있게 캐릭터에 녹였다. 그것이 많은 대중에게 잘 전달된 것이다.

해외에서 사는 데 있어 그 나라의 언어를 잘 구사하는 것은 매우 중요하다. 하지만 사람들이 내 발음이나 억양을 듣고 몇 번 비웃음 아닌 비웃음을 흘린다면 대부분 자신감을 상실하고 위축되게 마련이다.

하지만 이럴 때 내가 어떤 태도를 취하느냐가 매우 중요하다. '아니, 내가 20년 넘게 내 나라에서 살다왔는데, 이런 발음을 하는 게 당연한 거 아냐?' 이 정도의 당당함은 가져도 된다. 그것은 부끄러운 것이 아니라 당연한 것이다. 사람들이 내 말을 못 알아 들을 수준이라면 분명 개선해야 할 필요가 있다. 하지만 그것이 아니라면 남들과 다른 나의 발음과 엑센트는 소피아 베르가라처럼 나의 멋진 개성이라 생각하고 당당해지자.

당당함이란 솔직함에서 나온다. 내가 스스로 부끄러울 것
이 없고 솔직하기에 당당할 수 있는 것이다.

"저는 콜롬비아 바랑키아에서 자랐어요. 굉장히 전통적인 카톨릭
문화가 자리 잡고 있죠. 제 아버지는 제가 연예계 계통으로 나가
면, (내 큰 가슴 때문에) 매춘부처럼 보일 거라고 했어요. 그래서 저
는 대답했죠. 할머니한테서 물려받은 이 거대한 가슴 때문에 이
미 (그 쪽 계통으로 나가지 않더라도) 그렇게 보인다고요. 저는 배우
소피아 베르가라입니다."

한 시상식에 참여한 그녀는 자신을 비추는 카메라 앞에서
스스로를 이렇게 소개했다. 사람들을 웃기기 위한 말이었을 수
는 있지만, 자신의 장점이자 단점이라고도 생각할 수 있는 부
분을 조금은 풍자적으로 표현했다. 생각해 보면 우리가 생각하
는 단점들이 어느 사회나 문화 혹은 조금 다른 시대에는 장점
이 되는 경우가 있다. 결국 장단점이라는 것은 상황에 따라 달
리 볼 수 있는 것이다. 그녀는 무엇보다 세상이 규정한 잣대에
서 당당해질 필요가 있다고 강조하고 있다.

나는
뚱뚱한 내 몸을 사랑한다

모델계는 늘 마른 몸매를 사랑해 왔다. 바비인형이라 불릴
만큼 예쁜 얼굴과 긴 다리를 소유한 빅토리아 시크릿 같은 모
습이 우리가 전형적으로 생각하는 모델의 모습이다. 그러다보
니 우리도 은연 중 '마른 것이 예쁜 것'이라는 강박관념에 사로
잡혀, 끊임없이 다이어트라는 숙제에 시달렸다.

예전과는 다르게 건강미를 더 중요하게 여기는 문화가 생
기기는 했지만 여전히 팔다리가 길고 날씬한 것이 아름답다고
생각하는 것은 변함이 없는 것 같다. 하지만 글래머러스함을
넘어서 뚱뚱하다 생각되는 자신의 몸매를 사랑하며, 자기 자신
을 있는 그대로 과감하게 보여주는 빅 사이즈 모델이 있다. 그
녀의 이름은 '애슐리 그레이엄'(Ashely Graham)이다.

애슐리는 키 175cm에 36-34-48의 신체사이즈를 가지
고 있다. 인스타그램에서 그녀의 팔로우는 이미 700만 명이
넘어섰다. 하지만 그 중엔 그녀에게 악담을 하느라 바쁜 댓글
러(댓글을 다는 사람)도 많다. 그녀가 운동하는 SNS 사진에 "당신
은 절대로 날씬해질 리 없으니 노력 좀 그만하지"라고 말하거

나 "당신은 지방이 있어야 모델 생활을 계속할 수 있지 않나?"
와 같이 지금의 빅 사이즈를 유지해야 하는데, 왜 운동을 하냐
는 식의 비꼬는 댓글을 다는 것이다.

애슐리는 이에 대해 "내 인스타그램 방문자 중엔 내 몸매
가 너무 크거나 아니면 반대로 너무 작다며 나를 비하하는 사
람들이 있다. 그들의 기준에 맞지 않기 때문이다. 그러나 난 나
자신에 만족한다. 그리고 누구든지 각도에 따라 좀 더 크게 또
좀 더 작게 보일 수 있는데, 난 나를 돋보이게 하는 방법을 잘
안다"라고 응답했다. 이어서 "난 체중을 빼거나 내 굴곡을 없
애려고 운동하는 게 아니다. 난 내 몸매가 좋다"라고 강조했다.

이런 자신감 있는 표현은 타인의 평가를 지나치게 의식하고 사는 많은 이에게 다시 한 번 생각해 볼 기회를 준다. 또한 그녀의 자신감에 설득 당한다.

누군가가 나의 이상한 영어 발음이나 뚱뚱한 몸매에 대해 폄하한다면 위축되는 것이 아니라 자기 자신의 모습을 인정하고 그 모습을 솔직하게 드러내고 당당해져야 한다. 우리는 모두가 서로 다른 인간이다. 가장 중요한 것은 타인의 목소리 이전에 본인이 나 자신을 어떻게 생각하고 받아들일 것인가 하는 것이다.

5 | 제2, 제3의 직업을 찾아 멀티잡 인생을 꿈꾼다

○ 단 하나의 진정한 자아가 있다는
환상을 버려라.

_ 에리히 프롬 (독일계 미국 사회심리학자, 작가)

이런 고민을 해 본 적이 있는가? 어떤 중요한 행사에 참석해야 한다. 그래서 열심히 옷을 골랐는데, 이 옷이 괜찮을지 아니면 저 옷이 괜찮을지 도무지 하나를 고르기가 너무 힘들다. 결국 하나를 골라 입고 나왔지만, 다른 옷을 입고 나올 걸 하는 아쉬움이 남는다. 뭐 이 정도면 괜찮다. 인생을 살아가면서 중요한 행사가 한 번만 있을 리 만무하니 이번에 입지 않은 옷은 다음 행사 때 입으면 된다.

그런데 우리의 직업은 어떠한가? 직업에 대해서 비슷한 고민을 해 본 적은 없는가? 가령 나는 의사가 되고 싶어서 의과대학에 진학했다. 그런데 정말 되고 싶었던 꿈이 한 가지 더 있다. 물론 그 능력이 아이돌 가수까지는 아니더라도 사람들이 꽤 놀랄 만한 춤 실력을 가지고 있다. "그래? 그럼 두 가지 다 직업으로 삼지 뭐."

그런데 이게 가능할까? 지금까지는 많은 사람이 그러지 못하고 살아왔다. 하지만 이제는 이것이 가능하지 않을 이유가 없다.

호모 헌드레드 시대,
한 가지 직업으로 사는 시대는 지났다

15세기와 16세기를 살다간 사람. 우리에겐 그저 레전드(전설)로 남아있는 인물이지만 그는 미술가, 과학자, 기술자, 사상가였다. (요즘의 직업적 분류로 따지면 몇 가지 직업을 더 붙일 수 있을 것 같다.) 바로 레오나르도 다빈치(Leonardo da vinci)다.

그처럼 그림, 건축, 조각, 수학, 과학, 음악 등 다양한 분야에 재능이 있기도 힘든 일이지만, 한 가지 재능이나 한 가지 관심만을 가지고 태어나는 이도 드물다. 그런데 우리는 늘 '전문가'(specialist)를 찬양하며, 초등학교 때 썼던 장래희망을 이루고 나면 그 이름으로 평생을 살아야 할 것처럼 직업이란 것을 정의내렸다.

내가 앞서 너무도 대단한 사람을 예시로 들었다고 기죽지 말기를 바란다. 재능이란 건 매우 상대적인 것이다. 세상에 얼마나 많은 영어 선생님이 있으며, 얼마나 많은 변호사가 있는가? 그들의 재능이 다 똑같지 않다. 그리고 이제 더 이상 자격증 하나만으로 직업을 정하는 시대는 지났다.

기본적으로 생계를 위한 목적으로 돈을 벌 수 있는 일을 직업이라고 한다면, 앞으로 호모 헌드레드 시대(homo-hundred, 인간의 평균수명 100세 시대)에는 열 가지 직업을 동시에 가지고 있는 이도 생겨날 수 있다.

이제는 노동의 시간에 대한 보상으로 급여를 받는 시대가 아니기 때문이다. 시간의 한계를 넘는다는 것은 그만큼 대단한 일이다.

이미 세상에는 투잡을 넘어 멀티잡을 가지고 있는 이들이 많이 있다. 내가 만난 멋진 여성들 중에서도 두 가지 이상의 일로 수익을 창출하는 이들이 꽤 있으며, 20대 중반부터 프리랜서로 살아왔던 나 또한 늘 서너 가지의 일을 직업으로 삼아왔다. 물론 일의 경중은 있을 수 있지만 말이다.

유튜브로 새로운 취미이자
직업을 찾아가는 시대가 되었다

내가 아는 매력적인 여성이 있어서 소개하려 한다. 그녀는 한국에서 대학교를 다니다가 20대가 넘어서 미국으로 유학을 떠났다. 20대가 넘어서 새롭게 대학교 준비를 하는 건 쉬운 일이 아닐 것이다. 그것도 미국 대학교의 치대생으로 말이다. 그녀의 이름은 '사랑'이며, '사랑 sarang'이라는 유튜브 채널을 운영 중이다.

내가 그녀를 매력적이라고 생각한 것은 그녀가 치대생이어서는 아니다. 그녀는 유튜브를 통해 뷰티 크리에이터로 활동 중이며 어마어마한 춤 실력도 소유하고 있다. 물론 유튜브 내에 이러한 실력자가 한 둘이 아니라 하더라도, 그녀는 분명 다른 매력을 갖고 있다.

이미 유튜브를 통해 뷰티나 패션 계통에서 다양한 인플루언서(influencer)들이 등장했다. 더 이상 그들의 활동은 취미생활에 그치는 것이 아니다. 예전에는 소수의 셀러브리티들만이 담당했던 제품의 홍보 역할을 이제 그들이 맡게 된 것이다. 그리고 그 범위는 한 지역에 머무는 것이 아니라 글로벌해졌다.

직접 각종 브랜드 행사에 참여를 하면서, 자신만의 색깔로 제품을 사용하는 법을 알려주고 있다. 물론 그 일은 그들에게 돈을 벌 수 있는 또 하나의 잡(Job)이 되었다. 나는 그녀도 치과의사와 더불어 메이크업 아티스트나 예술가로서 다양한 활동을 겸할 수 있지 않을까 상상해본다. (물론 이는 지극히 나의 상상이다.)

가끔 유튜브 영상을 보고 있을 때면 '세상에 어쩜 이렇게 다양한 재능을 가진 사람들이 많을까?' 하고 놀랄 때가 있다. 그러고는 한 편으로 '도대체 이 사람들은 유튜브가 없었을 때는 어떻게 살았던 거야?' 하는 생각도 든다. 그만큼 많은 사람이 자신의 또 다른 끼와 재능을 미디어를 통해 분출하며 제 2, 제 3의 직업을 찾아가고 있다.

더 이상 '내가 왜 그걸 시도해 보지 않았을까?' 하는 후회는 하지 말자. 무료로 나의 재능을 전 세계 사람들에게 보여줄 수 있는 시대이니까 말이다. 혹시 자신의 재능이 의심된다 하더라도 시도해 보자. 앞서 얘기했다시피 재능이란 건 매우 상대적인 것이다. 새로운 기회를 얻은 자들은 예외 없이 모두 행동하는 자들이었다. 시작하지 않으면 새로운 기회는 오지 않는다. 현재 유튜브 채널을 운영하는 한 사람으로서, 영상으로 자신의 재능을 알린다는 것은 정말 흥미로운 일일 뿐만 아니라, 또 다른 직업을 찾을 수 있는 통로라는 것을 말해 주고 싶다.

멀티잡이
필수인 시대가 오고 있다

미래학자 제러미 리프킨(Jeremy Rifkin)은 1996년에 《노동의 종말》이라는 저서에서 "기술혁명은 노동자 없는 세계, 만성적 대량실업 사태를 초래할 것"이라고 전망했다.

그리고 앨 고어 전 미국 부통령의 수석 대변인을 지낸 다니엘 핑크(Daniel Pink)는 2001년에 발행한 그의 저서 《프리 에이전트의 시대(Free Agent Nation)》에서 "21세기는 자영업자,

독립계약자, 임시직 종사자 등이 세상을 이끄는 프리 에이전트의 시대가 된다"고 단언했다.

　　현재 미국은 자영업자, 프리랜서, 계약직과 같은 비정규직 종사자가 노동자의 34%를 넘어서고 있다. 과학 기술의 발달, 경쟁 과열 속에서 기업들이 살아남기 위해 노동력의 유연성을 추구하기 때문이다.

　　이 이야기는 더 이상 미국에 국한된 것이 아니다. AI와 더불어 일해야 하는 4차 산업혁명 시대인 지금, 더 이상 기업들은 인간 노동자들에게 평생직장을 만들어 줄 수 없을 것이다. 앞으로 회사에서 진행되는 많은 일들은 인력이 필요할 때만 외부에 의뢰하는 '인력 아웃소싱'을 하는 형태가 될 것이다.

　　"앞으로 15년 안에 20억 개의 일자리가 사라지며, 5년 안에 전체 근로자의 40%가 프리랜서, 시간제 근로자, 1인 기업 등 기존 근로 시스템과는 다른 형태로 일하게 될 것이다."

　　미래학자 토머스 프레이(Thomas Frey) 다빈치연구소장은 2030년까지 노동시장의 이같은 대변혁을 예견하고 있다.

이 사실을 알고 회사에 속해 있더라도 자기 자신의 또 다른 가치를 만들어낼 수 있는 일 한두 가지를 겸업하고 있는 사람들이 늘고 있다. 그 형태가 프리랜서든, 임시직이든, 초소형사업자든 간에 이 세상엔 멀티잡을 가지고 살아가는 사람이 많다.

많은 유튜브 크리에이터들은 본인의 직업을 가지고 있으면서, 유튜브를 통해 자신의 취미활동을 넘어서 수익을 내는 일을 하고 있다.

미국의 유명 모델인 칼리 클로스(Karlie Kloss)는 모델활동뿐만 아니라 여성들에게 코딩(coding) 교육을 가르치는 회사를 운영하고 있고, 유튜브 채널도 운영한다. 내 주변에도 치과 의사이면서 가수 활동을 하는 지인, 증권사에 다니면서 미술작가로 활동하는 분 등 전혀 중복되지 않은 일들로 자신의 두 번째, 세 번째 직업을 가지고 있는 사람들이 늘고 있다.

이렇게 세상에는 두 가지 이상의 직업을 가지고 살아가는 멋진 여성이 많이 있다. 그런데 아직도 한 가지 직업만을 고집하며, '이번에 못 가진 직업은 다음 생에 가져야지'라고 생각하고 있는가?

나는 스무 살 때부터 생계를 위한 일을 고민해야 했기에,

오래 전부터 돈이 들어오는 주머니를 여러 개 만들어 놓았다. 물론 내 재능과 관심에 기반한 직업들이다. 아나운서이자 스피치 강사이고, 기업에서 영어와 일본어를 가르치는 일도 했다. 그 외에 다양한 기업의 행사 진행과 영상 촬영을 했으며, 유튜브를 만들기 시작하면서 이제는 영상 제작을 해주는 새로운 일도 가지게 되었다. 한 마디로 영상 제작자, 콘텐츠 크리에이터가 된 것이다. 그 외에 작은 액세서리 사업을 해보기도 했다. 비록 사업에 성공하지는 못하고 좋은 경험으로만 남았지만 말이다.

　이러한 일들을 하기 위해서 '배움'은 필수적이다. 자신이 원하는 것을 배우고 능력을 길러야 써 먹을 수 있기 때문이다. 조금만 시간을 내어 자기 자신을 돌아본다면, 내 마음을 설레게 한 직업을 몇 가지는 찾을 수 있을 것이다.

　하고 싶은 일이 있다면 오늘이라도 당장 어떻게 하면 배울 수 있을지 찾아보자. 호모 헌드레드 시대에 멀티잡을 가지는 것은 너무도 자연스러운 일이니 말이다. 인생은 생각보다 길다.

6

최고가 되기 위해
술과 떡볶이를 버렸다

만약 성공을 원한다면 그만큼 자기희생이 필요하다.
더 이상 없을 만큼의 큰 성공을 원한다면
그 만한 대가를 치러야만 한다.

_ 제임스 앨런 (영국 철학자, 《운명을 지배하는 힘》 작가)

아침에 눈을 뜬다. 그렇게 하루를 또 시작한다. 직장인들은 직장으로 가고, 학생들은 학교로 간다. 저마다 하루를 시작하는 모습은 다르지만, 나는 모두가 좀 더 나은 삶을 꿈꾼다고 믿는다. 물론 그런 생각을 할 여유조차 없는 사람도 있겠지만 말이다.

20대가 지나고 나면 보통 스스로의 능력을 평가하는 '선'이라는 것이 생긴다. '그래, 내 능력은 이 정도이지 뭐' 하고 말이다. 대개 여기서 자신의 능력을 단정지어 버리면 그 사람은 더 성장할 가능성이 희박해진다. 자신의 최고의 버전을 제대로 확인해 보지도 않고, 적당한 선에서 스스로를 평가한다.

나는 모두가 자신의 최고 버전을 찾기 위해 끊임없이 노력
해야 한다고 생각지는 않는다. 지금의 삶에 만족하며 나름의
소소한 행복을 누리는 사람도 있을 것이다. 하지만 최소한 나
와 비슷한 부류의 사람이라면, 그러니까 본인 스스로가 매우
발전 지향적인 사람이라고 생각한다면, 훗날에 달콤한 마시멜
로를 먹기 위해 지금 이 순간을 어느 정도 포기해야 한다는 것
을 알 것이라 믿는다. 이 또한 긴 인생을 보았을 때 매우 일시
적인 기간이지만 말이다.

하나를 버리면
더 큰 것을 얻을 수 있다

"저는 지금 술과 떡볶이를 버렸습니다."

최근 핫한 뷰티 유튜브 크리에이터이자 메이크업 아티스
트 '이사배' 씨가 한 말이다.

"친구와의 시간이나 약속 등은 포기한지 오래됐고요. 메이크업
일 하는 내내 휴가도 가지 않았어요. 무언가 한 가지를 제대로 하

기 위해서는 완전히 포기할 줄도 알아야 더 좋은 결과물을 얻을
수 있는 것 같아요."

3년 전 우연히 개인방송을 통해 메이크업을 시작한 그녀
는 유튜브 구독자가 196만 명(2018년 10월 기준)을 넘어섰고, 월
수입이 5,000만 원이 넘는다고 한다. 이제 서른 살인 젊은 나
이에 대단한 성과를 얻고 있다.

그러나 이런 결과가 거저 얻어진 것은 아니다. 그녀는 이
렇게 성공하기 위하여 자신의 많은 것을 버리기도 했다. 혹자
는 "술과 떡볶이 그리고 친구를 좀 버리는 게 뭐가 그리 힘든
일이냐?"고 반문하기도 한다. 하지만 무언가를 이루기 위해 인
생의 소소한 행복을 내려 놓는 것이 쉬운 일도 아니다.

확실히 하나를 하려면 무언가 버릴 줄도 알아야 한다고 생각했다는 그녀의 말이 굉장히 집념 있게 들린다. 하지만 그녀의 인터뷰를 계속 듣고 있으면 자신이 포기한 것들을 생각하기보다는, 이를 통해 자신이 얻을 수 있는 행복에 초점을 두었다는 것을 확실히 느끼게 된다.

"감정적으로 가끔 꿀렁꿀렁하지만 제일 나답고, 가장 신나 있을 때는 일할 때인 것 같아요. 혹시나 돈을 못 벌더라도 집 앞 빵집에서 아르바이트라도 하면 된다고 생각했어요."

최근 1인 유튜브 크리에이터들에게 관심이 쏠리면서 유튜버가 되고 싶다는 사람이 많아졌다. 하지만 크리에이터는 만만한 직업이 아니다. 하지만 참 매력적인 직업이기도 하다.

현재 유튜브 채널을 운영하는 한 사람으로서 나는 그녀가 말했던 '감정적으로 가끔 꿀렁꿀렁하지만'이라는 말이 무엇인지 알 것 같다. 1인 크리에이터라는 직업은 생각보다 외로운 직업이다. 매일 라이브를 진행하든 영상을 업로드하든, 무언가 콘텐츠를 만들어야 한다. 기획도 해야 하고, 필요한 준비물도 사야 하고, 영상도 찍고 편집도 하고 업로드도 해야 한다.

구독자 수와 조회 수가 신경 쓰이지 않을 리 없다. 한 편 한

편 만들면서도 내가 이걸 잘하고 있는지 판단의 척도가 되는
게 구독자 수와 조회 수이다 보니 더욱 그러하다. 많은 사람이
유튜브를 시작하지만 중도에 포기하고 만다. '내가 만든 영상
이 의미가 없나? 별로 재미가 없나?' 하는 생각에 스스로 자괴
감이 들 때가 많기 때문이다.

그녀는 처음에 15명의 시청자들과 라이브 방송을 시작했
다고 한다. 그리고 그렇게 3년을 버텼다. 물론 그녀는 눈에 띄
는 재능이 있었기에 다른 사람보다 빨리 지금의 자리에 오를
수 있었지만, 그녀가 포기한 것들이 가벼운 것이라 얘기할 순
없다. 그만큼의 시간과 노력과 비용을 자신이 사랑하는 일에
투자하기 위해 다른 데 쓰는 시간과 에너지를 포기한 것이기
때문이다. 결국 그녀는 누구보다 빠른 시간 안에 자신의 능력
을 인정받았다.

많은 사람이 자신이 일하고 있는 분야에서, 혹은 자신이
바라는 분야에서 최고의 능력을 보여주고 싶어 한다. 그럼에
도 불구하고 태도는 미적지근하다. 그리고 그 꿀렁꿀렁한 감정
이 찾아올 때, 계속하기를 멈추는 경향이 있다. 분명 몇 년만 참
으면 결과물이 나올 것을 알면서도 현재 자신이 포기해야 하는
소소한 재미와 행복의 늪에 빠져서 진짜 원하는 것을 포기하는

것이다.

물론 선택은 본인이 할 문제지만, 지금까지 살면서 한 번만이라도 최고가 되기 위해 내 에너지를 쏟아보고 싶다는 마음을 먹은 사람이라면 다시 한번 생각해 보자. 난 지금 많은 것을 포기한 것이 아니다. 난 그저 3년 뒤 지금의 내가 아닌 더 나은 모습의 내가 되기 위해, 더 행복한 것을 얻기 위해, 여기에 모든 에너지를 쏟을 뿐이다. 그리고 그 일은 반드시 열매를 맺을 것이다.

지금으로부터 3년 전을 생각해보자. 지금의 내 모습이 3년 전에 바라던 나의 모습일까? 왜 난 늘 중도에 포기했던 것일까? 정말 내가 못해낼 것이라 생각해서? 아니, 그저 현재에 포기해야 하는 많은 것이 아쉬웠을 뿐이다. 3년만 지나면 더 큰 것을 얻을 수 있음에도 말이다.

달라지고 싶다면 이제 더는 똑같은 행동을 반복하지 말자. 3년 전 내가 그렸던 3년 뒤의 모습이 지금의 내가 아니더라도, 3년 뒤의 나는 지금 내가 바라는 그 모습이 되어 있을 것이다. 최고가 되기 위해 버려야 할 것은 없다. "모든 것은 그저 내가 얻을 것을 위한 투자일 뿐이다"라고 생각을 바꾸는 것, 그것이 지금 당신이 해야 할 일이다.

내가 원한 만큼 잘했다면
타인의 평가도 내려놓을 수 있다

'김연아'. 그녀에 대해서는 어떠한 수식어나 설명이 필요 없을 것 같다. 그녀는 최고가 되기 위해 무엇을 버려야 하는지를 잘 알았고, 세계 최고의 자리에 오른 사람이기 때문이다. 누구나 그녀처럼 행동할 수는 없다. 하지만 그 크기는 다르다 하더라도, 그녀에게서 배우고 실천해 보자.

한 기자가 "세계랭킹 1위로서의 김연아가 되기까지 포기해야 하는 것 중에 가장 싫었던 것은 무엇입니까?"란 질문을 했다. 그녀는 "또래에 비해 일상에서의 자유가 없다는 것이 가장 아쉬웠어요. 평범한 일상이지만 포기할 수 없는 것들이 있는데 그것을 포기해야만 했고 그렇기에 소중하게 느껴지기도 했죠"라는 답변을 했다.

우리가 일상으로 아무렇지 않게 여기는 것까지도 그녀는 포기해야 했고 그랬기에 그녀는 더 큰 것을 얻을 수 있었다.

김연아 선수가 포기한 것이 그저 평범한 일상만은 아니다. 지난 소치 동계올림픽에서 그녀는 은메달을 받았다. 프리스케이팅 경기를 마친 다음날, 기자회견에서 "점수가 이렇게까지 안 나올 거라는 생각은 안 했지만 좋은 점수는 기대하지 않았습니다. 분위기상 느껴졌어요"라고 전했다. 앞서 쇼트 프로그램 경기에서 그녀는 실수 한 차례 없이 무결점 연기를 펼쳤지만 그에 어울리지 않게 인색한 점수를 받았다. 이에 국민들 모두 편파 판정이라며 분개했다. 이때 김연아 선수는 이렇게 답했다.

"전에도 편파 판정에 대한 얘기가 많이 나왔어요. 그때마다 저보다 주변에서 더 염려해 주시고 안타까워해 주셨지요. 이번에도 마찬가지인데요. 올림픽이라는 큰 대회, 주목받는 대회여서 더 그런 것 같습니다. 하지만 저는 그것에 대한 아무 미련도 없습니다. 끝났다는 것에 만족합니다. 잘했기 때문에 만족합니다."

그녀의 그릇의 크기를 볼 수 있는 답변이다. 잘했기 때문에 그저 만족한다니. 정말 떳떳한 경기를 치렀기 때문에 가능한 답변이 아니었을까?

그렇다. 정말 최고인 사람들은 어찌 보면 타인이 내린, 심지어 심판이 내린 결과에도 크게 개의치 않는다. 중요한 것은 내 스스로의 만족이고 내가 원한 만큼 탁월하게 잘했다면 그것으로 만족한다는 것이다. 그것을 결과로 혹은 수치로 인정받고 싶다는 마음을 버리는 일이 쉬운 일은 아닐지라도 '최고'는 그랬다.

난 그녀의 태도를 통해서 진심으로 최고가 되고 싶다면, 타인의 평가에 대한 기대를 조금 내려놓는 것 또한 하나의 답이라는 것을 깨달았다.

7

즐겁게 열정적으로
할 수 있는 일을 해야 한다

가장 강력한 행동의 동기는 욕망, 하고 싶은 마음이다.
욕망이 없이 우리는 무엇도 해낼 수 없다.
욕망은 우리를 살아 있게 하는 힘이다.
욕망을 잃어버리는 날 우리도 죽는다.

_ 구본형 (한국 작가)

나는 이 세상 누구에게나 자신을 설레게 하는 무엇이 존재한다고 믿는다. 간혹 인생에 아무런 낙(樂)이나 의욕을 발견하지 못하는 침체의 시기도 있을 수 있지만, 살아가는 무수한 날들 동안 나를 설레게 하는 내적인 욕망을 찾아야 앞으로 나아갈 수 있는 힘을 얻는다.

요즘 미디어에서 자주 쓰이는 '성덕'이라는 말이 있다. 이는 '성공한 덕후'의 줄임말로, 자신이 좋아하고 몰두해 있는 분야에서 성공한 사람을 뜻한다. (덕후는 일본어 오타쿠를 한국식으로 발음한 오덕후의 줄임말) 바로 이들이 그러한 자신의 내적 욕망을 잘 찾아서 성공에 이른 사람이다.

예나 지금이나 성공에 있어서 가장 중요한 요소는 '열정과 흥미'다. 좋아하지 않으면 지속할 수가 없다. 모든 결과물은 하루아침에 만들어지는 것이 아니기에 1년이고 2년이고 똑같은 일을 반복해야만 결과물을 얻을 수 있다. 그렇기에 열정과 흥미가 아닌 그 외의 동기는 뚜렷한 결과가 나오지 않는 일을 몇 년간 버티고 지속할 수 있는 내적 동기가 되기 어렵다. 내 안의 동기를 찾는 일은 내가 지금껏 살아오면서 자발적으로 무언가에 즐겁게 몰입했던 일의 이유를 발견하는 일이다.

계속해서 잘하고 싶은 일이
바로 내 일이다

유튜버란 '동영상 플랫폼인 유튜브에 정기적 또는 비정기적으로 동영상을 올리는 사람'을 말한다. 세상은 끊임없이 변하고, 어떤 직업은 사라지고 어떤 직업은 새롭게 생겨난다. 2005년 빅뱅처럼 등장한 유튜브라는 플랫폼이 세상에 만들어준 또 하나의 직업이 바로 '유튜버'다. 모든 예술 및 창작분야가 그렇듯 크리에이터(창작자)는 영상 몇 개 만들고 끝나는 그런 직업이 아니다. 시작이 언제든 간에 직업인으로서 유튜브에 영상을 올리는 사람이 되려면 지속할 수 있는 힘이 가장 중요하다.

아무리 좋아하는 일이라도 1년 365일을 쉬지 않고 하는 것은 쉽지 않다. 가끔은 쉬고 싶고 다 잊고 싶을 때가 있다. 그런데 정말 힘들어서 며칠을 쉬다보면 무언가 만들어야 할 것 같고, 새로운 아이디어가 떠오르고, 빨리 그 일을 다시 시작하고 싶어진다. 이런 마음이 드는 것이 진짜 내가 좋아하는 일이고 내가 해야 하는 일이다. 나에게 유튜브 영상을 만드는 일이 그러한 일이었다.

《걸 보스(Girl boss)》의 저자이며 내스티 갤(nasty gal)이라는 미국 쇼핑몰의 창업가로 유명한 '소피아 아모루소'(Sophia Amoruso)는 우울증과 주의력 결핍증으로 고등학교를 중퇴하고 도둑질로 삶을 연명하던 그야말로 막 사는 인생이었다.

하지만 그녀에게도 자신의 열정을 쏟을 만한 일이 한 가지 있었는데, 좋은 빈티지 옷을 싸게 구할 수 있는 방법을 찾는 것이었다. 그 일이 대단한 일이냐고 반문할 수도 있겠지만, 그녀는 자신이 열정을 쏟을 수 있는 이 일로 자산 2억 8,000만 달러를 일군 성공신화의 주인공이 되었다.

《걸 보스》에서 소피아는 이런 이야기를 했다.

"무슨 일이 되었건 결과는 매한가지였다. 일은 지겨워졌고 나는 그 일을 그만두었다. 하지만 '내스티 갤'을 시작한 다음부터는 내가 하는 일에 푹 빠졌고 도전을 즐기며 살고 있다는 걸 발견했다. 매일 매일이 행복한 꿈처럼 지나갔고 너무 바빠 시계를 볼 틈도 없었다. 그렇게 하루의 일이 다 끝낼 때쯤 차이 라떼로 소박한 자축을 할 때면, '아, 내가 지금 제대로 살고 있구나'라는 왠지 모를 희열감으로 가슴 속이 벅찼다."

그녀의 이야기를 듣고 있으면 인생이라는 건, 지금 내가 얼마나 소유하고 있느냐가 아니라 '가슴 뛰는 열정을 쏟아 부을 만한 일이 있는가'가 가장 중요한 것임을 가슴 깊이 느끼게 된다.

열정하면 떠오르는 또 한 명의 인물이 있다. 나는 그의 영화를 볼 때마다 감탄을 금치 못하는데, 조금만 있으면 예순을 바라보는 나이라는 게 믿어지지 않는 미국의 영화배우 '톰 크루즈'(Tom Cruise)다. 그는 이번 〈미션임파서블 : 폴아웃〉에서도 어마어마한 기량을 보여주었다. 그의 전매특허인 몸을 사리지 않는 액션 연기를 보고 있으면 지금 내 나이가 부끄러울 정도다. 물론 모든 배우가 그렇게 몸을 사리지 않는 연기를 보여줄 수 있는 것은 아니지만, 확실한 건 그에게 연기(Acting)라는 것은 아직도 설레고, 아직도 잘하고 싶은 무엇이라는 것이다.

그는 영화 시사회 기자회견에서 이런 말을 했다.

"완벽하길 원하기에 그만큼 반복해 준비했습니다. 촬영 때도 관객이 보는 순간을 늘 상상합니다. 저는 트레일러에 앉아서 누군가가 나를 불러줄 때까지 기다리는 사람이 아니에요. 촬영장에 가장 일찍 도착해 제일 늦게 떠납니다. 저에게는 그것이 열정이며, 저는 제가 만드는 영화를 정말 사랑합니다."

무언가를 하게 만드는 힘이란 이런 것이다. 톰 크루즈는 부족할 것 없는 삶을 살 수 있는 위치에 있다. 그럼에도 스턴트맨을 요청하지 않고 자신이 직접 구르고, 달리고, 빌딩에 매달리고, 하늘에서 번지 점프하는 것은 오로지 즐거운 일이고 더욱 잘하고 싶은 일이기 때문이다.

지속적으로 원하는
욕망을 찾아야 한다

"우리가 지속적으로 바라보는 것, 그것이 나의 동기일 가능성이 크다."

나는 무언가 관심사가 생길 때마다 관련된 이미지를 인스타그램이나 핀터레스트(Pinterest : 이미지나 사진을 공유, 검색, 스크랩하는 이미지 중심의 소셜 네트워크 서비스)에 저장한다. 특히 한동안 몸을 만드는 일에 빠져 있어서, 각종 운동 방법부터 시작해 식단 조절 방법, 다양한 다이어트 식단, 그리고 내게 자극을 주는 모델 사진까지 나의 보드(board)에 차곡차곡 채워 두었다.

관심이 있는 무언가가 생기면 이상하게도 그와 관련된 데이터들만 자꾸 눈에 보이게 된다. 이는 분명 내 관심사라는 의미고 내가 지금 알고 싶어 하는 무언가라는 의미다. 이러한 것들은 내가 집중하려고 노력하지 않아도 내 눈에 들어오는 경우가 많다. 나는 그러한 데서 자신의 내면 동기를 찾으라고 이야기하고 싶다. 일상생활에서 간단히 알 수 있는 것들이다. 가령 인스타그램에 팔로잉을 하는 사람이나 유튜브에서 내가 구독하고 있는 채널을 보면 나의 관심사가 무엇인지 좀 더 쉽게 파악할 수 있다.

나는 자기계발과 동기부여를 하는 일에 관심이 많다. 특히 타인을 동기부여해 주는 일에 관심이 많아서 이와 관련된 다양한 유튜브 채널을 구독하고 있다. 또한 이러한 내용을 책이나 영상을 통해 배우고 익혀, 나의 영상으로 만들어 전달하기도 한다. 그리고 외국 토크쇼들을 거의 매일 보는 편인데, 이는 외국어를 배우고 싶은 욕망과 외국 문화에 대해 좀 더 알고 싶은 내적 동기에 의한 것이다. 한 가지 더 꼽자면, 1년 365일 관심사인 다이어트와 몸만들기도 그 중 하나다.

이렇듯 여러분이 지속적으로 바라보는 것, 그것이 자신의 동기일 가능성이 크다. 나는 그러한 사람이 되고 싶고, 그러한 사람과 어울리고 싶다는 의미이기 때문이다.

세계적인 베스트셀러 작가이자 경영학자인 스티븐 코비의 《성공하는 사람들의 7가지 습관》에서는 비전을 가진 사람은 외부자극에 의해 움직이는 것이 아니라, 내부의 동인에 의해 솔선하게 된다고 했다. 내가 솔선해서 하고 있는 무언가를 찾는다면, 나의 내면의 동기가 무엇인지 알 수 있다.

이러한 동기는 자신이 몰입을 하는 순간과도 연관이 있다. 내 자신이 무언가에 깊이 빠져있는 순간이 있다면, 그것은 나의 내적동기와 연관되었을 가능성이 크다.

이 내적동기가 중요한 이유는 이러한 동기가 우리가 살아가는데 필요한 욕망이기 때문이다. 삶이 의미가 있기 위해서는 무언가를 이루고자 하는 욕망이 반드시 필요하다.

3
—

그들을 행동하고
도전하게 한
비결은 뭘까?

—

1

부족해도 괜찮아,
시작이 반이야

행복해지고 싶다면 '그때 그랬더라면'이라는 말을 그만두고,
'이번에야말로'라는 말로 바꾸라.

_ 스마일리 브랜튼 (미국 정신과 의사)

많은 사람이 무언가 시작하기에 앞서 현재 자신의 상황에 대한 평계를 댄다. '난 아직 그 일을 하기에 부족해', '난 그 분야의 전문가가 아닌걸', '아직 그 일을 시작할 좋은 때가 아니야.'

이렇게 자신을 과소평가해도 어쩔 수 없다. 하지만 평생 좋은 때만 찾으면 그 '때'는 영영 오지 않을 수도 있다는 것을 기억하기 바란다. 또한 어떠한 역량을 100% 갖춰 놓고 시작하는 사람은 거의 없다. 일단 시작을 해야 내가 무엇이 부족한지, 어떠한 부분을 보완해야 하는지 알 수 있는 것이다.

나는 몇 년 전 한 요리 유튜버에게 매료되었다. 현재 전 세계에 코리안 푸드를 알리는 역할을 하고 있는 요리하는 유튜버 '망치 에밀리 김'이다. 내가 처음 그녀를 봤을 때 영어 발음이나, 의상 스타일 등 뭔가 부족해 보였다. 그래도 그 모습이 재미있어서 보게 되었는데 볼수록 매력적이다.

그녀는 자신의 부족한 모습에도 너무나 당당했다. 어쩌면 난 그녀의 당당한 영어구사 능력과 유쾌함에 빠졌을지도 모른다. 지금 생각해 보면 그 코믹함이 고도의 전략이었을지도 모른다는 생각이 든다.

완벽하지 않은 모습이
오히려 매력적이다

에밀리 김(김광숙)은 망치(@Maangchi)라는 이름으로 유튜브에서 전 세계 290만 (2018년 10월 기준) 구독자를 가지고 있는 스타 셰프다. 뉴욕 타임즈에서는 그녀를 한국의 줄리아 차일드 (Julia Child : 미국의 전설적인 요리 연구가)라고 칭하며 기사를 쓰기도 했다.

그녀가 이러한 타이틀을 가질 수 있었던 이유는 2007년부터 한국 음식 요리법을 보여주는 동영상을 제작해 유튜브에 업로드 했기 때문이다. 그렇게 10년이 넘게 유튜브를 통해서 세상 사람들과 소통했다. 그녀는 몇 해 전에《망치의 진짜 한국 요리(Maangchi's Real Korean Cooking)》라는 요리책을 출간했다.

그녀가 유튜브에 자신의 요리 영상을 올리게 된 것은 자녀들의 권유에 의해서였다. 그녀는 자녀들을 모두 독립시키고 혼자 살게 되면서 몇 년간 온라인 게임에 빠져 있었다. 정확히 말하면 게임 중독이었다. 회사가 끝나고 집에 오면 6시, 그리고 가볍게 저녁을 먹고는 바로 게임을 시작해 새벽 3시까지 게임을 하다가 잠들었다고 한다. 외로움을 달래기 위한 방편이었을 수도 있으나 분명 그녀의 삶에는 문제가 있었다.

그러던 중 자녀들의 충고가 그녀의 인생을 바꿔 놓았다. 그녀의 아들이 게임을 끊고 엄마가 잘하는 요리를 영상으로 제작해 보기를 적극 권한 것이다. 물론 그녀가 쉽게 게임을 끊기는 어려웠을 것이다. 하지만 자신도 무언가 변화해야겠다는 생각이 들지 않았을까?

아들의 말을 듣고 지금까지 20년 넘게 외국생활을 하는 동안 제대로 된 한식 조리법을 알려주는 곳이 거의 없다는 것을 깨닫게 되었다. 그래서 그녀는 자신이 무언가를 해야겠다는 생각을 갖게 된 것이다.

전남 여수 출신의 그녀는 어릴 적 할머니와 어머니 등 집안 어른들에게 음식을 배웠다고 한다. 그녀는 미국인의 입맛에 맞게 만들어진 한국 음식이 아니라, 정말 한국인들이 먹는 '진짜 한국 요리' 레시피를 선보였다.

"2007년 유튜브에 낙지볶음 요리법을 올린 이후 저의 인생이 달라졌어요."

그녀가 했던 말이다. 그녀의 채널에는 이미 누적 영상이 350개가 넘었고, 누적 조회수는 3억 뷰 이상, 구독자는 290만 명 가까이 된다. 2007년부터 시작하여 10년 넘게 열흘에 한 편 정도의 영상을 만들어 온 것이다. 분명 쉽지는 않았지만 제대로 된 한식의 조리법을 세상에 보여주고 싶다는 초심을 잃지 않고 지금까지 꾸준히 해 왔다. 현재는 망치닷컴(maangchi.com)이라는 홈페이지도 운영하고 있다.

온라인에 음식 커뮤니티를 운영하는 것은 자연스러운 일상의 연장이었다. 그녀는 미국 이주 직후 다양한 국적의 식당에서 일한 경험이 있으며, 현지화한 한국 음식에 적응하지 못하는 미주 한인들을 상담해 주고 직접 요리를 해 주는 일도 했다. 홈페이지에는 음식 조리법뿐 아니라 뉴욕의 미국요리협회에 방문해 한국 음식 평가에 참여하는 등 그녀가 하고 있는 다양한 활동들을 업로드하기도 한다. 최근에는 한국 식재료의 세계화를 위해 한국에 방문해, 한국의 채식 재료를 자신의 유튜브에 홍보하기도 했다.

그녀의 유튜브 채널에 들어가 보면 적게는 10만 뷰, 인기 있는 콘텐츠들은 800만 뷰가 넘은 영상도 많다. 그 중에 한국의 크리스피 치킨 닭강정 만들기, 배추김치 담그기, 한국의 길거리 음식 떡볶이 만들기, 치즈 불닭 만들기, 김밥 만들기 등 한국인이라면 누구나 좋아할 만한 음식 레시피들이 가득하고 그것들은 모두 500만 뷰를 넘어섰다.

그녀가 이렇게 많은 사람에게 사랑 받는 이유는 무엇일까? 그저 한국 음식의 레시피를 잘 알려주기 때문일까? 아니다. 나를 포함해 사람들이 그녀를 좋아하는 이유는 2% 부족해 보이는 매력에 있다. 완벽해 보이려고 애쓰지 않고, 있는 그대로의 모습을 보여주는 그녀의 인간적 매력이 많은 사람의 마음을 사로잡은 것이다.

영어발음? 헤어? 괜찮아.
내가 좋아하는 한국 음식을 알리는 것이 중요한 거야

망치 채널에 처음 들어 가보면 그녀의 개성 있는 스타일에 주목하게 된다. '어라, 이 재미있는 아주머니는 누구지?' 내가 처음 그녀를 보고 느꼈던 감정이다.

가끔씩 가발 등으로 독특한 헤어스타일을 보여주기도 하고, 리본 핀을 꽂고 나오기도 하는데 어떻게 보면 촌스럽지만 그녀가 하고 있으면 귀엽기까지 하다. 거기에 그녀만의 독특한 눈 화장법도 사람들의 이목을 집중시키는데 한몫했다. 또한 그녀의 영어 발음을 듣고 용기를 얻었다는 댓글을 남긴 시청자도 있었다. 어떻게 보면 조금은 구수하게 들릴 수 있는 한국인의 영어 발음이지만, 그녀는 주눅 들지 않고 자신감 있게 자신이 전하고 싶은 말을 전한다. 커뮤니케이션이란 발음이나 액센트가 중요한 것이 아니라 자신감의 문제라는 것을 깨닫게 해준다.

또한 매번 영상 마지막에 그녀가 자신이 만든 음식을 먹으며 연신 "딜리셔스~ 쏘 딜리셔스"를 외치는데, 보고 있기만 해도 나도 같이 먹고 있는 것 같다는 생각이 든다. 그녀는 그렇게 자신만의 독특한 개성을 하나 둘씩 보여주면서 두터운 팬층을 만들어 나갔다.

최근에는 서울을 방문해 자신의 팬들과 만나는 밋업
(meet-up) 행사도 진행했다. 한국인뿐만 아니라 다양한 나라에
서 온 외국인들도 참여를 해 그녀의 팬이 전 세계적임을 보여
주었다. 한 외국인은 망치 채널에서 배운 막걸리 만들기에 매
료되어 막걸리 채널을 운영한다고 전했다. 이렇게 그녀는 누
군가의 인생에 또 다른 자극을 주고 도전하도록 하고 있다.

평범한 주부였던 그녀가 자신의 재능와 의미를 찾아 당당
하고 솔직한 모습을 보여 줌으로 스타 유튜버가 된 것에 많은
사람이 칭찬을 아끼지 않고 있다. 그녀는 현재 국가에서 진행
하는 어떤 한식의 세계화 사업보다 더 효과적으로 한국의 음식
을 세계에 알리고 있다.

이렇듯 모든 행동은 완벽한 준비가 되었을 때 시작하는 것이 아니다. 그녀가 한국 음식 조리법에 대해서 가장 잘 알려줄 수 있다고 스스로 자부심을 가지고 있었을지라도, 자신의 영어 실력, 외형적인 스타일, 그리고 카메라 촬영 및 장비를 다루는 능력 등을 모두 갖추고 있어서 이 일을 시작한 것은 아니다.

오히려 그 반대로 완벽하지 않았기 때문에 사람들의 마음을 사로잡았고, 그것이 자신만의 매력이 되었다. 그녀는 용감하게 자기 자신을 있는 그대로 보여주었다.

무언가 일을 시작하는 데 있어 가져야 하는 것은 '행동할 수 있는 용기'다. 나머지는 모두 부차적인 것이다.

2

커뮤니티가 내 성공의 핵심이자
열정의 근원이야

당신의 야망을 무시하는 사람을 멀리 하라.
하찮은 사람들은 언제나 그렇다.
진정 위대한 사람은 당신 또한 위대해질 수 있다고 믿게 한다.

_ 마크 트웨인 (미국 소설가)

혼자서 마음속에 품은 목표를 달성한다는 것은 쉬운 일이 아니다. 나는 영어공부, 다이어트, 취업 준비 등 인생에서 중요하다고 생각되는 일들을 비장한 각오로 혼자 시작했다가 무너진 경험이 한두 번이 아니다. 열정이 있어도 큰 바람이 한 번 불고 지나가면 좌절하고 마는 것이다. 그것이 우리의 생계를 위협할 만큼 중요한 일이 아니고서야, 인간은 습관화된 자신의 삶의 패턴을 쉽게 변화시키기가 어렵다.

이럴 때 좀 더 쉽게 원하는 목표를 달성하는 방법은 나와 뜻을 함께하는 사람들과의 모임에 참여하거나, 스스로 그러한 모임을 결성하는 것이다. 즉 커뮤니티를 만드는 것, 그것이 지치지 않고 계속해서 무언가를 해나갈 수 있는 가장 좋은 방법이다. 그들은 나태해진 내 마음에 의욕의 불을 지펴줄 뿐만 아니라, 우리는 함께라는 끈끈한 동지애도 느끼게 해주기 때문이다.

팝 필라테스 운동을 개발하여 '운동을 놀이'로 가르친다

내가 그녀를 처음 알게 된 것은 4~5년 전 쯤이다. 유튜브에서 스쿼트(Squat) 운동에 관한 것을 찾다가 우연히 한 영상을 보게 되었다. (Call Me Maybe Mighty Squat Challenge Workout, https://youtu.be/xDpB8pWEjhk 현재 누적 조회수 730만 뷰) 처음에는 독특한 외모에 매우 높은 톤의 목소리를 가진 그녀가 이상하게 끌려서 보다가, 이후에는 영상 내내 스쿼트를 하면서 쉴 새 없이 웃으며 얘기하는 그녀가 신기해서 빠져들게 되었다.

'아니, 어떻게 저 힘든 동작을 웃으면서 계속하는 거지?' 내 생각이 딱 그랬다. 그녀의 이름은 '캐시 호'(Cassey Ho)다. 미국에 거주하고 있는 베트남계 미국인이다. 필라테스와 요가 등 운동에 관심이 많은 사람이라면 그녀의 이름을 한 번쯤 들어봤을 것이다. 당시에도 꽤 많은 구독자를 보유하고 있어서 놀랐

　는데, 현재 그녀의 채널 구독자 수는 무려 430만 명이나 된다.
(2018년 10월 기준)

　　전 세계 많은 여성이 그녀에게 열광하고 있다. 몇 해 전 싱
가포르에서 함께 하는 야외 운동 워크숍을 개최했을 때, 3,500
명이 몰려 광장을 가득 메운 사례만 봐도 그녀를 사랑하는 팬
들이 세계 곳곳에 얼마나 많은지를 알 수 있다.

　　그녀의 인기 비결은 뭘까? 그녀는 재미있고 유쾌하다. 그
렇게 힘든 동작을 웃으면서 쉬지 않고 하는 강사는 찾아보기
힘들다. 그녀에게는 독특한 에너지가 있다. 뿐만 아니라 운동
이 놀이라는 인식을 많은 이에게 심어 주었다.

　　모두가 익히 잘 알고 있을 만한 팝(pop)을 필라테스에 접

목하여 '팝 필라테스 운동'(POP Pilates Workout)을 만들었다. 지금껏 필라테스 그리고 요가라고 하면 정적이고, 동작이 느리다고 생각했던 고정관념을 깨고, 동적이고 신나는 그녀만의 독창적인 운동 방식으로 좀 더 재미있고 신나게 접근할 수 있도록 만든 것이다.

결국 그녀의 개성이 묻어나는 운동 방식이 사람들의 공감을 샀다. 그녀는 2009년에 유튜브를 시작하면서 지금껏 여러 해 피트니스 부문에서 톱 인플루언서(Top Influencer) 자리를 차지하고 있다.

부모님의 반대를 무릅쓰고
내가 좋아하는 걸 택했다

한 인터뷰에서 캐시에게 어떻게 유튜브를 시작하게 되었고 성공 비결은 무엇인지 질문했다. 그녀는 대학교 시절부터 피트니스 강사로 일을 했는데, 그 때 자신의 반 수강생들의 요청으로 운동 비디오를 올리기 시작했다고 한다. "학생들이 엉덩이 운동 영상을 원하면 엉덩이 운동 영상을 올리고, 복근 운동 영상을 원하면 복근 운동 영상을 올렸어요." 그녀는 자신의 수강생들과 팬들의 댓글을 읽으면서 어떤 비디오를 올려야 할지 파악했다.

"저는 늘 제 팬들을 보고, 그들이 원하는 것이 무엇인지 물어봤어요. 제 모든 성장은 그들의 말에 귀를 기울였기 때문이에요."

그녀는 자신이 성공한 이유를 자신의 구독자와 팬들 덕분이라고 말했다. 열여섯 살에 우연히 필라테스를 시작하여 대학교 때 자격증을 따서 강사로 일하게 되었다. 하지만 그 과정이 순탄하지는 않았다.

"이 일을 시작할 때 저희 부모님은 매우 싫어하셨어요. 제가 의사가 되어 안정적인 직장을 가지길 원했거든요."

대학교에서 생물학을 전공했던 캐시는 부모님의 반대를 무릅쓰고 자신이 좋아하는 길을 택했다. 그녀는 가르치는 일을 사랑했고, 서로 지지하고 땀 흘리는 일을 좋아했다.

졸업 후 잠시 취직을 했었는데 직장 생활이 너무나도 지겨워 몇 달 만에 회사를 그만두고, 잠시 중국으로 떠났다. 거기서 3개월을 지내면서 혼자 자신의 미래에 대해 생각하면서 새로운 사업을 구상했다. "중국에서 3개월을 체류했는데, 마땅히 할 일이 없는 거예요. 그래서 그동안 많은 것을 구상했어요. 예전부터 운동을 하는데 필요한 가방과 운동복 샵을 만들어 보고 싶다고 생각을 했었는데 그것도 그 때 계획하게 된 거죠." 그렇게 그녀는 자신이 원하는 삶을 다시 찾아나갔다.

현재 그녀가 온라인 피트니스 커뮤니티인 '블로길라테스'(Blogilates)의 운영자이자, 음악과 함께 하는 '팝 필라테스 운동'(POP Pilates Workout)의 창시자가 된 것은 모두 주변 사람들과의 소통 덕분이다. 또한 '팝플렉스 액티브'(POPFLEX Active)라는 스포츠 웨어 브랜드를 만들 수 있었던 것도 모두 자신을 따르는 사람들의 이야기를 듣고 소통했기 때문이다. 그녀는 유튜브를 기반으로 한 홈트레이닝 비디오로 시작하여, 현재 스포츠와 관련된 몇 가지 브랜드를 가지고 있으며, 자신의 홈페이지와 모바일 앱을 통해서 식단계획, 운동 방법, 요리법 등을 담은 콘텐츠를 판매하기도 한다.

이 모든 것은 나를 필요로 하는 사람들을 찾았고, 그들과 함께 할 수 있는 커뮤니티를 만들었으며, 소통을 통해 그들이 원하는 것을 제공했기에 가능한 것이었다.

성공과 행동의 핵심은
커뮤니티다

사람들이 좀 더 건강하고 멋지게 살 수 있도록 도와주는 것에서 행복감을 느끼는 그녀는 전 세계를 돌아다니는 필라테스 유명 강사가 되었다.

그녀는 싱가포르뿐만 아니라 시드니와 말레이시아에서도 정기적으로 매년 큰 행사를 열고 있다. 그럴 때면 언제나 그녀와 함께 운동하기 위해 몰려든 사람들로 인산인해다. 팝 필라테스 운동의 모토인 '매트 위에서 춤춰라'를 그대로 옮기기라도 한 듯, 많은 사람이 음악에 맞춰서 운동을 한다.

도대체 이런 결집력이 어떻게 생기는 것일까? 캐시는 현장에서 팬들과 함께 운동을 마친 후 이렇게 소감을 전했다.

"제 팬들은 저의 진정한 롤모델이에요. 왜냐하면 제가 이 일을 지속할 수 있도록 영감을 주기 때문이죠."

그렇다. 세상에 어느 누구도 혼자 에너지를 주고 받을 수는 없다. 혼자는 금방 식어버린다. 그녀 또한 많은 사람의 응원과 지지를 통해서 성장했다. 사람의 행동력은 어떠한 자극에 의해서 일어나기 마련이다. 그리고 그러한 자극은 누군가에 의해서 전달받게 된다. 혼자서 페달을 밟으면 힘이 들지만, 몇 명이서 그 페달을 함께 밟으면 쉽게 할 수 있다. 그리고 힘들다고 생각했던 일이 사람들과 어울리면 조금씩 재미있기 시작한다.

어릴 적부터 경쟁사회에 익숙한 우리는 무언가를 함께 만들어 나가는 것이 어색할 수도 있다. 하지만 세상 곳곳에 성공한 사람들을 보면 그들은 모두 함께 앞으로 나아갔다. 캐시도 그러한 인물 중 한 명이다.

현재 팝 필라테스 프로그램을 통해 자신과 같은 강사들을 배출하고 있는 그녀는, 그들이 자신을 통해 새로운 커리어를 가지게 되고 그것을 또 다른 사람들에게 전파한다는 것은 엄청난 기쁨이라고 전했다. 그녀는 사람들에게 새로운 꿈을 전하는 사람이 되었고, 새로운 행동력을 가지게 했다. 물론 그녀도 다른 사람들을 통해 자신이 앞으로 나아갈 새로운 에너지를 계속해서 충전한다.

우리가 조금만 생각을 바꾸면 세상의 많은 일들을 조금 더 쉽게 해나갈 수 있다. 우리가 원하는 것을 이루지 못하는 이유는 편협한 생각과 이기심 때문일지도 모른다. 내가 무언가를 얻으면 다른 사람은 그것을 얻지 못하고, 다른 사람이 무언가

를 얻으면 내가 그것을 얻지 못한다는 제로썸(zero-sum) 게임
의 논리로 세상의 많은 것을 바라본다. 그렇기에 다른 사람과
돕는 것이 아니라 뺏고자 하는 것인지도 모르겠다. 하지만 이
것은 아주 어리석은 생각이다. 다른 사람이 있기에 나도 있는
것임을 기억해야 한다.

지금까지 나 자신의 삶을 내가 원하는 대로 이루지 못했다
는 생각이 든다면 한번쯤 되돌아 보길 바란다. '나는 누군가에
게 에너지를 주고 있는 사람인가?' 만약 당신이 다른 사람에게
그러한 존재가 된다면 당신은 자신이 원하는 것을 얻을 수 있
는 삶을 살게 될 것이다.

3

나의 꿈은 글로마드(global nomad)로
전 세계를 누비는 거야

진정한 여행이란 새로운 풍경을 바라보는 것이 아니라
새로운 눈을 가지는 데 있다.

_ 마르쉘 프루스트 (프랑스 소설가)

10대 시절까지 한 번도 해외를 나가본 적이 없던
나였지만, 꽤 어릴 적부터 이런 상상을 하곤 했다. '1년 중 절
반은 해외를 돌아다니며 일하고, 전 세계 다양한 호텔에서 묵
어 보고 싶다.' 조금 사치스런 꿈이라 생각할지도 모르겠다. 하
지만 해외를 내 집처럼 자유롭게 오고 가면서 비즈니스를 하는
코스모폴리탄(국제시민)이 되는 것이 나의 가장 큰 꿈이었다. 그
래서 나의 소셜미디어 대부분의 아이디가 CosmoJina(코스모지
나)가 된 것이다. 이는 코스모폴리탄과 내 이름 진아의 합성어
다. 우습지만 그랬다.

무엇이 나를 전 세계를 돌아다니며 일하고 싶게끔 만들었

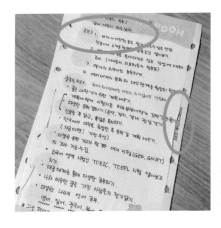

2003년에 써 둔 내 인생의 목표
– "국제 시민이 되고 싶다."
국제시민이 되려면 어떤 조건이
필요한지 기입해 보았다.

는지 그 시작은 정확히 기억나지 않는다. 하지만 중학교를 다니기 시작하면서 일본어를 독학했는데 그 당시 일본의 많은 것은 내 동경의 대상이었고 '나는 꼭 3개 국어 이상을 하는 사람이 되어서, 세상의 많은 문화를 접하면서 살 거야'라는 끌어오르는 내적 욕망이 생겼다. 어릴 적에는 이런 내 욕망을 내비치는 것이 조금 부끄러웠는데, 욕망에 솔직해지는 것이야말로 진정으로 행복해지는 첫 걸음이라는 것을 이제는 안다.

유럽으로 배낭여행을 떠난 것이
나의 꿈 첫 신호탄이었다

나는 대학교 2학년 1학기를 마치고 휴학을 한 후 혼자 유럽으로 배낭여행을 떠났다. 그것이 첫 혼자 여행이었지만 겁나지는 않았다. 오랫동안 계획하고 준비했기에 오히려 기대로 가득했다. 80일 가까이 되는 일정이었기에 6개월 전부터 치밀하게 계획을 짰다. 하지만 실제로는 그보다 훨씬 전부터 계획된 여행이었다.

10대 시절부터 꿈꾸고 있던 것이기에 대학교에 입학하자마자 여행 경비를 마련하기 위해 쉬지 않고 과외를 했다. 어디서 그런 욕구가 생겨났는지는 모르겠지만, 시간만 되면 틈틈이 학교 도서관으로 가서 유럽 여행과 관련된 책을 찾아보거나, 매일 유랑(유럽 여행 정보 카페) 사이트를 들락날락 거렸다. 그것이

프라하의 빨간 지붕들

프라하에서의 밤

그 시절 나의 낙(樂)이었다.

총 10개의 나라, 14개의 도시를 정했다. 더 많은 곳을 더 오래 여행하고 싶었지만, 비용적인 부분도 그렇고 나름 제약이 있었기에 내가 정한 최선의 계획이었다. 그렇게 10월의 어느 가을, 런던을 시작으로 혼자만의 여행이 시작되었고, 그해 가을과 겨울 사이 혼자 유럽을 떠돌아다니며 다사다난한 내 인생의 한 페이지를 썼다.

12월은 어찌나 추운지 유럽 배낭여행 족에게 겨울은 말리고 싶은 계절이다. 여행하면서 카메라를 잃어버린 적도 있고, 남녀 공용 도미토리인 줄 모르고 예약했다가 당혹스러웠던 순간도 있었다. 또 여행 중에 곳곳에서 만난 이들과의 인연, 비엔나에서 베니스로 가는 야간 기차 안에서 웃지 못할 사연도 있지만, 여행 이야기를 하면 이 이야기로 도배를 하게 될 것 같아 여기까지만 쓰겠다.

프라하에서 오스트리아로 이동

오스트리아에서

그렇게 80일이라는 긴 여행을 혼자 무사히 마치고 돌아오니 뿌듯함은 이루 말할 수가 없었다. 석 달이 채 안 되는 그 기간 동안 떠돌아다니면서 내가 배운 건, 이 세상에는 내가 생각한 것보다 좋은 사람들이 많다는 것과 내가 할 수 있는 일들이 많다는 것이었다.

지금 생각해 보면 당시 추억과 이야기들을 유튜브 영상으로 담지 못한 것이 너무도 아쉽지만, 나는 더 재미난 인생 여행 프로젝트를 계획 중이다. 조만간 그 이야기들을 내 채널에 담을 수 있을 것이라 기대하고 있다.

글로마드에게서
변화 적응력과 행동력을 배운다

여행을 하거나, 해외를 다니다 보면 가끔 대단하다 싶을 만큼 멋진 사람들을 만난다. 2011년과 2012년 사이, 해가 넘어가던 때에 난 스페인 바르셀로나에서 새해를 맞이했다. 그 당시 묵고 있던 게스트 하우스에서 어린 10대 친구를 만났는데, 현재 중학교 3학년이고 프랑스에서 공부를 하고 있다고 했다.

처음엔 부모님이 프랑스에서 일을 하시나보다 하고 생각

을 했는데 그게 아니었다. 자신은 어릴 적부터 패션과 미술 공부를 너무도 하고 싶어 그 길을 가기 위해 프랑스로 왔다고 했다. 중학교 1학년 때 인터넷을 통해 어떻게 하면 프랑스에서 공부할 수 있는지, 학교를 들어가려면 어떤 준비를 해야 하는지 열심히 찾아본 후 1년 동안 준비해서 프랑스 학교에 입학하게 되었다고 했다. 더군다나 부모님의 권유가 아니라 자기 혼자 결정한 것이라고 했다.

열여섯 살의 어린 친구가 그런 얘길하는데 어찌나 똑똑해 보이던지, 대성할 친구다 싶었다. 나는 그렇게 또 내가 살던 좁디좁은 세상을 벗어나 이토록 주체적으로 더 큰 세상에서 살아가는 사람들이 많다는 사실을 깨닫게 되었다.

변화라는 것은 늘 쉽지 않은 일이다. 특히 무언가 새로운 시도를 해야 할 때, 이상하리만큼 시작 자체가 힘든 경험을 해본 적이 있는가? 나 또한 있다. 마치 '시작이 반이다'라는 말이 진리인 것처럼 우리는 새로운 시도를 하는 데 꽤나 오랜 시간이 걸린다. 변화 그 자체가 익숙하지 않아서다.

그런데 이러한 변화에 익숙한, 아니 변화를 즐기는 '신(新)부족'을 부르는 말이 있다. 나는 세계적으로 유명한 정신분석학자인 클로테르 라파이유의 《글로벌 코드》를 읽으면서 유례

카를 외쳤다. '아, 내가 글로마드*의 삶을 원하는 것이었구나!'

나는 10대 시절부터 코스모폴리탄, 즉 '국제시민'을 꿈꿨다. 그런데 이제는 내가 원했던 라이프 스타일을 살아가고 있는 부족(tribe)을 일컫는 정확한 용어를 찾았기에 '글로마드'라고 정정해야 할 것 같다.

이들은 어떤 종류의 사람일까? 그에 대해서 《글로벌 코드》에서는 이렇게 소개하고 있다.

"이들은 새로운 유형의 세계 시민을 대표한다. 자신의 고향에 강한 연대감을 느끼면서, 동시에 여러 대륙에 걸쳐 살아가고, 또 자주 여행을 다닌다. 이들은 언제, 어디서나 서로 교류할 수 있는 첨단 커뮤니케이션 장비를 갖추고 세상 모두에 대한 지속적인 접근을 중요한 과제로 삼는다. 글로마드는 지식을 얻기 위해 여행에 열광한다. 그들은 자신들만의 라이프 스타일을 통해 멋지고 다양한 경험을 한다. 국가마다, 문화마다, 서로 다른 독특한 의식과 일 처리 방식을 여행을 통해 배우고 자신만의 지식으로 만든다. 그

---

*   글로마드(Glomad) : 글로벌 부족(Global nomad)의 약자로, 여러 국가에 체류한 경험이 있고 다양한 언어와 문화를 자유롭게 구사하는 새로운 유형의 세계 시민

렇다면 자연스럽게 세계무대로 나아가기 위해 글로벌 기업들은 누구에게 조언을 구해야 할까? 물론 글로벌 부족(글로마드)에게 물어야 할 것이다. 그들은 쉽게 문화를 말하고, 자주 여행을 다니고, 다양한 언어를 구사할 줄 알고, 여러 국가에서 일하고 거주한 경험이 있으며, 문화적 변화에 쉽게 적응하기 때문이다."

이 시대를 살아가는 사람들에게 있어 변화에 대한 적응력은 참으로 중요하다. 지난 100년 간 인류는 개인 자가용으로 대륙을 횡단하고, 하늘을 날고, 인류를 달에 보내고, 수천 킬로미터나 떨어져 있는 사람들과 동 시간에 원격 회의를 할 수 있을 만큼 발전했다. 20세기 이전 수만 년 동안 하지 못했던 일들을 고작 100년 만에 해낸 것이다. 그렇다면 앞으로 우리 삶의 변화는 얼마나 더 빨라질지 조금 무섭기까지 하다.

물론 세상의 변화 속도에 늘 맞춰 살아갈 필요는 없다. 다만 변화에 적응하고 마음먹은 것을 바로 행동으로 옮기는 행동력이 뛰어난 글로마드의 태도에서 분명 배울 점들이 있다.

마음먹은 대로 행동에 옮기는 것도 한 사람의 습관이다. 우리가 매번 다짐을 하는 것은 습관이 되지 않은 것을 습관화하기 위해 마음이 내키지 않는 것을 그저 내 의지력에 의존해

해내고자 하는 마음이다.

습관이 된 것은 더 이상 그 일을 하기 위해 다짐할 필요가 없다. 매일 잠을 자고, 밥을 먹는 것과 같은 행위이기 때문이다. 그래서 변하는 것이 습관화된 사람들은 변화에 적응하는 것이 쉬워진다. '글로마드'처럼 말이다.

새로운 곳에서 새로운 사람들과 새로운 말과 문화에 적응한다는 것은 누군가에게는 스트레스가 될 수도 있다. 하지만 한두 번 겪다보면 적응하게 된다. 변화하기 위해서는 행동해야 한다. 변화에 많이 노출된 사람들은 확실히 행동력이 빠르다. 그것은 자신의 생존과도 연결이 되어 있기 때문이다.

행동력을 키우는 차원에서라도 이들처럼 주기적으로 새로운 사람을 만나고, 새로운 문화를 배우며, 새로운 곳을 여행하는 일에 익숙해지는 것을 경험해 본다면, 무언가 새로운 시도라는 것 자체가 더는 어렵지 않을 것이다.

4

5년 후의 모습을 상상하고 현재에 집중하자

20년 뒤, 당신은 했던 일보다 하지 않은 일 때문에 실망할 것이다.
그러니 밧줄을 풀고 안전한 항구를 떠나라.
탐험하라. 꿈꾸라. 그리고 발견하라.

_ 마크 트웨인 (미국 소설가)

지금으로부터 5년 전을 생각해 보자. 이 책을 읽는 독자라면, 5년 전이 기억나지 않을 만큼 어린 분은 없으리라 생각한다. 그렇다면 과연 우리의 지금 모습이 5년 전에 내가 상상하고 꿈꾸던 모습인가?

우리가 의도했든 의도하지 않았든 인생은 우리가 예상하는 방향대로 가지만은 않는다. 굉장히 안전지향주의자라면 예상에 맞아 떨어지게 살아갈 수도 있겠다. 하지만 계속해서 더 나은 길을 모색하며 살아가는 이들은 늘 예상치 못한 제안이나 새로운 시도를 하는 길에 들어서게 된다.

그 새로운 시도가 자신을 좌절하게 만들 수도 있고, 더 큰 성장의 문을 열어주기도 할 것이다. 그런데 중요한 것은 새로운 시도에 의한 좌절이 아무것도 하지 않은 채 흘려보낸 시간보다는 훨씬 낫다는 것이다.

나는 5년 전에 어떠한 일을 하며, 어떠한 모습으로 살았는지, 그 당시 가장 고민하고 중요하게 여겼던 일은 무엇이었는지 돌이켜 본다. 물론 당시 내가 시도했던 일들이 있었기에 지금 나의 모습이 만들어졌을 것이다. 하지만 그 때 내가 좀 더 열심히 했더라면, 혹은 그 때 시작했더라면 하는 아쉬움이 남는 일들도 많다. 그때는 몰랐지만 5년이 지난 지금 생각해 보면 행하지 않았던 것이 아쉽고 후회가 되기도 한다.

이렇게 나의 5년 전을 돌이켜 보며, 앞으로 5년 뒤는 이와 같은 아쉬움을 남기지 않도록 지금 내 인생에서 중요한 일들을 계획해 본다. 하지만 한 가지 명심해야 할 것은 내가 계획하고 노력한다고 해서 늘 예상하는 방향으로만 가는 것은 아니라는 것이다.

지금 이 순간에
집중하자

애플의 최고 경영자인 '팀쿡'(Tim Cook)은 대학원에 다니던 시절, 자신의 미래를 위한 25년 계획을 세웠다고 한다. 이를 알고 있던 한 기자가 25년이 지난 어느날 그에게 물었다. "팀, 당신의 25년 계획은 성공했나요?" 그러자 그가 말했다. "처음 24개월까지는 그럭저럭 괜찮았지만, 그 이후의 계획은 전혀 맞지 않았어요. 단 한 가지도!"

인생은 그렇다. 생각보다 우연히 벌어지는 것들이 많다. 물론 자신이 어떻게 살아가겠다는 것은 자신이 정할 문제지만, 내가 정말 멋지다고 생각하는 이들이 그러한 성과를 거둔 이유는 먼 미래를 설계해서가 아니라 지금 이 순간 내가 해야 할 일을 정확하게 알고 있었기 때문이다. 과거는 이미 가 버렸고 미래는 아직 오직 않았다. 진짜 삶은 오직 지금 이 순간에만 존재한다.

팀쿡도 25년 전에는 자신이 애플의 최고 경영자가 되리라고는 상상하지 못했을 것이다. 먼 미래의 계획은 앞서 세울 수 있는 것이 아니다.

그렇다면 5년 뒤에 후회하지 않을 수 있는 삶을 살 방법은 무엇일까? 딱 한 가지다. 지금 현재 하는 일에 충실하는 것이다. 지금 내가 해야 할 일을 정확히 알고 실천하는 것이다. 먼 미래의 계획이 아닌 올해 내가 해야 할 일을 계획하고, 그것을 이루기 위해서 하루하루 무엇을 해야 할지 실천하는 것이 중요하다. 어떻게 보면 이 단순한 진리를 잊은 채 끊임없이 우리는 먼 미래를 걱정한다. 현재가 없으면 미래도 없다.

이러한 이야기는 김연아 선수가 17년 선수생활을 마치고, 그동안의 소감을 전하는 인터뷰에서도 잘 나타나 있다.

"현재에 충실한 게 중요한 것 같아요. 선수 생활을 할 때도 너무 먼 곳까지 생각하지 않았어요. 지금 내가 하는 것만 생각했죠. '이걸 잘하자. 이걸 하고 나면 그 다음, 그 다음은…'. 그렇게 눈앞에 보이는 것에 집중했어요. 저도 흔들릴 때가 많거든요. 그런데 너무 앞선 것, 먼 것을 생각하면 머릿속이 복잡해지고 지금 하는 것도 망치게 돼요. 순간에 충실한 게 큰 도움이 되었죠."

이런 마인드를 가지고 있었기에 세계 최고의 자리에 오를 수 있었을 것이다. 먼 미래에 대한 생각이 지금 이 순간을 앗아가지 않도록 현재에 집중할 것, 정확한 목표를 가질 것. 이 두 가지 진리를 김연아 선수의 말을 통해 다시 한 번 깨닫는다.

나중에 후회하지 않도록
지금 도전하자

자신의 못다 이룬 꿈을 이루기 위해 뒤늦게 도전하는 사람들이 있다. 그동안 시간과 금전적인 여유가 없어서 하지 못했을 수도 있고, 용기가 없어서 망설이기만 하다가 기회를 놓쳤을 수도 있다. 어떠한 이유에서든 그동안 하지 못했던 것을 지금이라도 해보겠다고 마음먹은 사람들에게 박수를 보내고 싶다.

아마 누구에게나 시도조차 해보지 못한 10대 혹은 20대 시절의 꿈 하나쯤은 마음 한 켠에 머물러 있을 것이다. 어느 누가 자신을 평가한 것이 아닌데도 스스로 그 일은 그저 '꿈'일 뿐이라 생각해서 고이고이 마음속 상자 안에 접어둔 것이다. 그러다 문득 서른이 넘어 생각해 본다. '우린 모두 언젠가 죽는데, 누가 날 어떻게 평가하든 해보고 싶은 걸 시도조차 안 해보고 죽는다는 건 너무 억울하지 않아?' 이런 생각이 드는 시점이 온다.

나도 '5년 전쯤에 시작했더라면…' 하는 아쉬움이 남는 일이 있다. 영상 콘텐츠 제작과 1인 미디어를 운영하는 유튜브 크리에이터로서, '만약 내가 처음 그걸 해보고 싶다는 마음이

들었던 5년 전쯤에 시작했더라면 얼마나 좋았을까?' 하는 생각이 드는 것이다.

난 유튜브 채널을 운영하는 일을 처음 생각한 시점으로부터 3~4년이 지나서야 시작하게 되었다. 왠지 새로운 것에 도전한다는 것이 무섭기도 했고, 혼자서 영상을 찍고, 편집하고, 업로드하는 일이 버거워 보여 차일피일 미뤘던 것이다. 하지만 미룬다고 나아지는 것은 없다. 그렇기에 무언가 내 마음에 들어왔을 때 작게나마 시도하는 것이 중요하다.

문득 5년이 지나고 10년이 지나서 돌이켜 보았을 때, '아, 내가 그 때 왜 그걸 도전하지 않았을까?'라는 마음 한 켠의 후회가 남을 바에야, 지금 부족하더라도 시작하는 것이 좋다. 실력이 부족한 것이 부끄러운 것이 아니라 아무것도 하지 않는 것이 부끄러운 것이다. 무언가를 하는 것이 힘겹고 귀찮아 쉬고 싶을지라도 후회하지 않으려면 지금 도전하고 힘쓰는 것이 현명하다. 아무것도 하지 않는 시간, 그냥 흘려보내는 시간이 많으면 많을수록, 이와 비슷한 후회를 몇 번 반복하다보면, 인생의 끝이 다가올 테니까 말이다.

변화 경영 전문가 구본형 저자의 《낯선 곳에서의 아침》이라는 책에는 이러한 구절이 나온다.

"나이가 들어 아무것도 이룬 것이 없는 자신을 보는 것은 가장 추운 일이다. 세월이 지나 어떤 것에도 마음을 쏟지 못한 자신처럼 미운 것은 없다. 시간이 많이 남지 않았는데 쓸데없는 것들에 연연하여 내가 누군지 모르고 살았던 그 많은 시간보다 통탄에 젖게 하는 것은 없다."

만약 인생에서 계속해서 망설이고 있는 무언가가 있는데 그 이유가 타인의 시선이나 평가 때문이라면, 더 이상 그 고민은 접기를 바란다. 내가 더 나이를 먹거나 눈을 감을 때, 그 때 무언가 도전해서 실패했던 사실을 후회할 리는 없다. 그저 도전조차 해보지 못한 내 인생에 대한 후회만 남을 뿐이다.

자신의 5년 뒤를 위해 지금 해야 할 일은 그저 내 마음속에서 가장 해보고 싶었던 그 일에 집중하고 그것을 이루기 위해 무엇을 해야 하는지 생각하는 것이다. 그리고 시작하는 것이다. 그러다보면 김연아 선수의 말처럼 '이걸 하고 나면 그 다음 또 그 다음'의 길이 눈앞에 보일 것이다.

5

변하고 싶다면 지금 자신을 둘러싼 환경을 변화시켜야 해

꽃을 피우기 위해서는 제대로 된 씨앗뿐만 아니라 제대로 된 토양이 필요하다. 좋은 생각을 키울 때도 마찬가지다.

_ 윌리엄 번바흐 (미국 광고전문가)

우리는 '사람이 쉽게 변하지 않듯 인생도 쉽게 변하지 않는다'고 믿는다. 흔히 자신의 능력과 노력만으로 무언가를 바꾸려고 할 때는 그렇다. 자기계발 분야의 유명 작가인 벤저민 하디는 그의 저서《최고의 변화는 어디서 시작되는가》에서 이런 말을 했다.

"인간이 자신이 원하는 삶을 성취하기 위해서는 단순히 의지만으로는 부족하다. 환경의 변화가 우선적으로 이루어져야 한다."

맞는 말이다. 우리의 노력과 의지만으로 무언가를 이루어

내기는 힘들다. 우리는 늘 같은 환경에 놓여있다 보니 자신이 어떤 사람인지 어떤 능력을 가진 사람인지 모르고 사는 경우가 많다.

자신이 변화해야 할 시점이라면 자신이 속한 환경, 즉 학교든, 회사든, 도시든, 혹은 나라든 무언가를 바꿔 보는 것이 좋다. 환경을 바꾸는 것은 인생에 있어 큰 전환점이 될 수 있다. 이제 더는 '아메리칸 드림'이 존재하지 않는다고 혹자는 말할지라도, 지금도 많은 이민자들이 꺼지지 않은 아메리칸 드림을 몸소 보여주고 있다. 이 또한 환경의 변화가 만들어 준 새로운 모습의 가능성이라 말할 수 있다.

새로운 환경은
나를 더욱 강하게 만든다

2016년 미국의 경제전문지 〈포브스〉가 발표한 조사에 따르면, 미국의 400대 부자 중 10% 이상은 이민자 출신이라고 한다. 〈포브스〉는 "귀화시민이 미국 전체 인구의 6%에 지나지 않는다는 점을 고려할 때 이는 대단한 성과"라며 "창업가의 성공이라는 잣대로 측정한 아메리칸 드림은 그 어느 때보다 더

강력하다"라고 평가했다.

상식적으로 생각했을 땐 잘 이해가 되지 않는다. 이민자는 학력이나 언어적인 문제, 인맥적인 부분 모두 그 곳에서 살던 토박이보다 불리한 것이 당연하다. 그런데 무엇이 그들을 부자로 만들었을까?

이에 대한 답은 '포에버21'(FOREVER21)이라는 세계적인 의류 브랜드를 만들어 우리 모두를 놀라게 한 1세대 이민자 '장진숙' 대표에게서 찾을 수 있다.

그녀는 대한민국 부산에서 태어나 고등학교를 졸업한 후 곧바로 돈을 벌기 시작했다. 그녀의 남편 장도원 씨도 고교 졸업 후 명동의 작은 커피숍에서 커피 배달을 했다. 가진 것이 없었던 이 부부는 자본과 경험 부족으로 고생만 잔뜩 하다가 장사가 잘 되지 않자, 모든 것을 과감히 정리하고 1981년 미국으로 이민을 떠났다. 가진 것이 없었기에 이러한 결정이 좀 더 쉬웠을지도 모른다.

두 부부는 처음에 변변한 직업이 없어 주유소에서 일하고, 접시 닦기, 사무실 청소, 미용실 보조 등 미국 사회의 가장 낮은 곳에서 일하기 시작했다. 지금은 비록 아무것도 없지만, 열심히 일하면 잘되리라는 희망을 가지고 일했다.

그녀는 주유소에서 일하면서 좋은 차를 모는 손님이 찾아오면 직업을 물어봤다. 그러자 많은 이가 의류업에 종사하고 있다고 했다. 그 말을 듣고 두 부부는 옷가게를 꿈꾸게 되었다고 한다.

투잡, 쓰리잡을 뛰면서 열심히 돈을 모아 미국에 건너 온 지 3년 만에 LA 한인타운에 조그마한 옷 가게를 열었다. 크기는 25평. 미국의 가게 규모에 비교하면 코딱지 만한 규모였다. 처음 '포에버21'이라는 이름으로 옷가게를 열 때만 해도 두 부부가 이렇게 성공하리라고는 아무도 생각하지 못했다. 그들도 마찬가지였다.

그렇다면 그들의 성공은 그저 운이 좋아서일까? 아니다.

장진숙 대표는 한국 여성 특유의 성실함과 억척스러움도 있었지만 무엇보다 패션계가 무엇을 원하는지 그 흐름을 파악하려고 계속해서 노력했다. 특히 두 딸을 키우는 엄마로서, 그리고 워킹맘으로서 살아가는 입장에서 중요한 패션 변화의 흐름을 파악할 수 있었다. 그녀는 워낙 바쁘다 보니 아이들이 옷에 무언가를 묻히고 와도 빨래할 시간이 없었다. 그렇다고 매번 세탁소에 맡겨 드라이하기에도 비용이 만만치 않아, '몇 번 입고 버릴 만한 값싼 옷은 없을까'라는 생각을 자주 했다고 한다.

이렇게 생활에서 겪은 불편한 점에서 아이디어를 얻어 최신 유행을 2주일 안에 다품종 소량생산하여 싼값에 유통시키는 동대문 스타일의 '패스트 패션'을 생각해 냈다. 그녀가 패션을 전공한 것도 아주 잘 아는 것도 아니었지만, 당시 최신 유행의 아이템으로 빠르게 옷을 만들어 저렴하게 팔았고, 이런 패스트 패션을 원하는 미국 젊은이들에게 좋은 반응을 얻었다. 그녀의 빠른 회전이 가능한 패션 전략은 많은 사람의 니즈에 정확하게 맞아 떨어졌고, 그렇게 '포에버21'은 입소문을 타고 빠르게 성장했다.

그녀의 이야기를 듣고 있으면 한 편의 소설같다. 그래서인지 많은 사람은 으레 '에이, 운이 좋았던 거지'라는 이야기를

한다. 그런데 그녀가 살아온 인생을 돌이켜 보면 그녀는 끊임
없이 노력했다는 것을 알 수 있다. 스스로 변화하고자 했고 생
각만 한 것이 아니라 행동하고 실천했다.

　장 대표의 성공의 첫 단추는 두 부부가 함께 미국으로 떠
나기로 결심한 것이다. 쉬운 결정은 아니었겠지만 그것이 더
나은 삶을 살기 위한 그들의 결단이었고 새로운 시작의 신호탄
이었다. 그리고 그 곳에서 밑바닥부터 시작했지만 잘 살아보고
싶다는 의지를 놓지 않고 부자가 된 사람들을 관찰하고, 직접
어떤 일에 종사하는지 묻기도 했다. 그 일을 시작하고 나서도
어떻게 하면 사람들이 원하는 것을 줄 수 있을까에 대해 끊임
없이 관찰하고 조사했다. 그들이 패션에 대해 잘 모르고 시작
했다 할지라도, 그것을 잘 이뤄내기 위한 끊임없는 노력이 있
었다.

　그렇게 해서 이민을 간 지 약 30년 후, 장진숙 대표는
'2012년 미국에서 가장 자수성가한 여성 1위'로 〈포브스〉에
실리게 되었고, 당시 그녀의 순자산(남편과의 공동재산)은 45억 달
러(약 5조500억 원)에 이르렀다.

　만약 그녀가 계속 한국에 머물렀다면 이러한 변화를 경험
할 수 있었을까? '포에버21'이 이 정도로 성공할 수 있었던 것

은 미국이라는 토양에서 시작했던 사업이었기에 가능한 일이었다. 80년 대 그들이 미국으로 떠나겠다는 마음을 먹지 않았더라면, 지금과 같은 '포에버21'은 없었을 것이다.

환경이 바뀌면
인생도 바뀐다

　　맹모삼천지교(孟母三遷之敎). 맹자의 어머니가 자식을 위해 세 번 이사했다는 이 이야기는 지금으로부터 2000년 보다 훨씬 이전에 살았던 그들도 인간의 성장에 있어 환경이 얼마나 중요한지 잘 알고 있었다는 의미다.

　　제 아무리 뛰어난 음악 실력이나 그림 실력을 가지고 있다 할지라도, 아프리카 빈민가나 인터넷도 잘 되지 않는 오지에서 태어났다면 그것을 발현할 만한 기회를 찾을 수가 없을 것이다. 심지어 자신이 그러한 재능을 가지고 있는지도 모를 것이다. 좋지 않은 가정환경에서 태어나 맞고 자란 아이들이, 자신의 잠재력을 발견할 기회를 가진다는 것은 하늘에서 별 따기와 같은 일이다.

　　그렇기에 진심으로 변하고자 한다면 적어도 자신에게 해

가 되는 안 좋은 환경에서 벗어날 필요가 있다. 자신에게 도움
이 되는 곳으로 떠나야 한다는 말이다. 자신의 의지로 그 안에
서 아무리 발버둥을 쳐도 자신을 둘러싼 환경이 변하지 않는
한 자기 혼자 변화하기란 쉽지 않다.

> "환경은 수입은 물론 가치관과 허리둘레, 취미에 이르기까지 삶
> 의 모든 측면에 영향을 미친다. 잠재력은 당신을 둘러싼 환경에
> 의해 정해진다. 당신이 가진 모든 생각은 당신이 받아들인 생각
> 들에 기인한다. 당신이 어떤 사람이 될지 그리고 어떤 인생을 살
> 지도 주변 사람들과 소비한 정보에 의해 제한을 받는다."
> _《최고의 변화는 어디에서 시작되는가》 중에서

지금은 개천에서 용이 날 수 없는 세상이다. 지금껏 '개천
에서 용났다'는 말을 들은 사람도 자세히 살펴보면, 어느 시점
에서 전환기를 맞았거나, 환경을 바꿀 수 있는 기회를 얻었거
나, 귀인을 만났던 사람이다. 자신이 아무리 좋은 재능과 재주
를 가지고 있어도 환경이 시궁창인 상황에서 알아봐주는 이가
없다면 용이 될 수 없다.

익숙한 환경은 인간에게 긴장감을 주지 않는다. 긴장감이

없다는 말은 변화하고자 하는 욕구나 의지를 가지기 어렵다는 말이다. 사람은 자신에게 어떠한 문제가 생겨야 그 문제를 해결하기 위해 애를 쓰게 된다. 그런 점에서 자신의 인생이 좀 더 나아지길 원하거나 변화하길 원한다면 자신을 둘러싼 환경을 변화시키는 것만큼 좋은 방법은 없다.

장소를 옮기면 느낌도 생각도 달라지게 된다. 내가 미처 생각지 못한 새로운 사업을 그 곳에서 발견할 수도 있다. 장진숙 대표처럼 말이다.

6

행동해야만
성공의 씨앗이 싹트는 거야

행동하면 인생이 되고 곧 운명이 된다.
이것이 바로 우리가 인생을 지배하고 다스리는 법칙이다.

_ **톨스토이** (러시아 작가)

세상의 모든 사건에는 인과관계가 있다. 어떠한 일이 생겼다면 그 전에 내가 어떠한 생각을 했든, 어떤 행동을 했든, 혹은 누군가를 만났든 그 결과에 대한 이유가 있을 것이다.

나는 태어날 때 부모를 정하는 것을 제외하고 모든 일은 자기 자신으로부터 만들어진다고 생각한다. 그 원인이 우리 눈에 보이지 않거나 무의식적인 생각을 통해 만들어진 것일 수도 있지만, '콩 심은 데 콩 나고, 팥 심은 데 팥 난다'는 속담은 진리와도 같은 말이다.

어떠한 행동을 하면 필연적으로 어떠한 결과를 낳게 된다. 사람들은 어떤 행동을 하고 나서 자신이 원하는 결과를 얻지 못하면, 그것을 실패라고 간주한다. 하지만 원하는 결과를 얻지 못했다고 해서, '행동하기 전의 나'와 '행동한 이후의 나'가 똑같은 것은 아니다. 분명한 변화가 있다. 그렇기에 변하고 싶다면 어떠한 식으로든 행동해야 한다. 그 행동을 지속할수록 내 행동에 반응해 주는 사람이 생기거나, 원하는 환경이 만들어질 것이다.

기적은
행동하는 자를 위한 선물이다

'갈색병의 기적'으로 여자들에겐 매우 유명한 브랜드, '에스티 로더'(Estee Lauder). 그녀의 이름은 이제 고유명사가 되었다. 헝가리계 유대인 가정에서 태어나 스물두 살에 결혼한 에스티는 대공황으로 남편의 실크사업이 망하자, 생계를 위해 무언가를 해야 하는 상황에 놓이게 된다. 당시 아이들도 학교를 가야 하는 터라 그녀는 더욱 강해져야 했다. 고등학교도 제대로 졸업하지 못한 그녀가 가진 기술이라고는 화장품을 직접 만들어 쓰는 능력뿐이었다고 한다.

그래도 '이거라도 해보자' 하는 마음으로 자주 가던 단골

미용실에 가서 자신이 만든 화장품을 손님들에게 발라주기 시작했고, 차츰 반응이 좋아지자 자기 집에 사람들을 초대해 제품을 팔기도 했다. 또한 고객이 있는 곳이라면 수영장, 자선만찬회, 휴양지 등 장소를 가리지 않고 찾아갔다. 당시 그녀의 소망은 자주 가던 미용실에서 자신의 화장품 판매 코너를 갖는 것이었다. 한마디로 '샵 인 샵'(shop in shop) 형태로 사업을 시작하고 싶었던 것이다.

에스티는 시간이 날 때마다 미용실에 방문해서 자신이 만든 제품을 고객들에게 무료로 발라주면서 자신의 화장품 판매 코너가 생기는 것을 꿈꿨다. 그렇게 몇 달이 지나자 하루는 주인이 "이스트 60번가에 새로 개업하는데, 제 살롱에서 화장품 판매 코너를 운영할 생각이 없나요?"라고 질문을 했다. 이 얼마나 신기한 일인가? 그녀의 지속적인 행동에 대한 보답인 것인지 그렇게 작은 꿈을 이루게 됐다.

이후 유명 미용실에서 화장품 판매 코너를 운영하게 되자 그녀는 더 큰 꿈을 꾸게 된다. 미국과 유럽을 비롯한 전 세계 유명 백화점에 입점하는 것. 특히 에스티가 입점하기를 꿈꿨던 백화점이 있었다. 당시 뉴욕에서 가장 큰 백화점이었던 삭스 피프스 에비뉴 백화점이었는데, 이는 뉴욕 쇼핑의 메카, 맨

해튼 5번가의 가장 큰 건물 중 하나였다. 하지만 삭스 백화점
은 자신의 화장품을 팔게 해달라는 에스티 로더의 거듭된 요청
을 거절했다. 최고로 유명한 백화점에서 무명의 화장품을 전시
해 팔 리가 없었던 것이다. 당시 미국에서 유통되던 고급 뷰티
상품은 모두 프랑스에서 건너온 것들이었다.

그러나 에스티 로더는 포기하지 않았다. 입점 담당자를 찾
아가서 지속적으로 제품에 대한 설명도 하고, 때로는 무작정
몇 시간씩 기다리기도 했다. 또 백화점과 가까운 곳의 고급 호
텔을 빌려 고객들을 위한 제품 설명회를 열고 그 때마다 참석
자들에게 무료로 샘플을 증정했다. 그리고 그들에게 "백화점에
입점할 수 있도록 도와 달라"고 부탁했다. 에스티의 제품을 써
본 사람들은 마음이 움직였고, 결국 백화점은 에스티 로더에게

문을 열어줄 수밖에 없게 된다.

에스티 로더는 고객의 힘을 통해 백화점에 입점한 유일무이한 사례가 아닐까 싶다.

그녀의 이야기를 듣고 있으면 참 대단하다는 말 밖에 나오지 않는다. '무언가를 하고 싶다면 저 정도의 행동력은 보여주어야 하는구나'라는 생각이 들면서, 행동에는 보답이 있다는 인과관계를 여실히 깨닫는다.

물론 그 보답이라는 것이 늘 자신이 원했던 모습으로 찾아오지 않을 수도 있다. 하지만 내가 행동한 것에는 어떠한 보답, 즉 결과가 따라온다는 것은 진리다. 시간이 지나고 나서 큰 후회가 남는 건 시도조차 해보지 않았다는 사실이지, 시도해서 실패했다는 것이 아니다. 혹여나 실패를 했다고 하더라도, 그것은 다음 번 성공을 위한 시행착오 정도로 생각할 수 있는 일이다.

에스티 로더의 행동을 보면 그녀는 강한 믿음이 있었던 것같다. 자신은 반드시 원하는 것을 얻을 수 있다는 믿음 말이다. 그 믿음과 행동력이 지금 우리가 알고 있는 '에스티 로더'라는 브랜드를 만든 것이다.

하늘은
행동하는 자를 돕는다

한 지인의 이야기다. 그녀는 당시 광고 회사에 취업을 하고 싶어 했다. 처음 취업을 준비하는 1년 동안 많은 광고 회사에 이력서를 넣고 면접을 보았지만 번번히 낙방을 했다. 결국 '오랫동안 꿈꾸던 광고 쪽 일을 포기하고 되는대로 취업을 하느냐' 아니면 '1년 더 준비해 보느냐'라는 기로에 놓였다.

하지만 그녀는 포기할 수 없었다. 그리고 똑같은 방식으로 지원을 한다면 승산이 없으리라는 판단을 했다. 그래서 자신의 지인을 총 동원해 관련된 계통의 사람을 만나고 다녔다. 직접 명함도 만들고, 자신의 능력을 보여줄 수 있는 포트폴리오도 만들고, 자기소개서도 만들어 자신을 알렸다. 자기가 원했던 회사들 몇 곳을 방문해 '누군가를 만날 수 있지 않을까' 하는 마음으로 회사 로비를 배회하기도 했다.

그녀의 이러한 행동에 대한 하늘의 응답이었을까? 하루는 한 지인에게 "한 광고 회사에 임시로 자리가 하나가 났는데 한번 일해 보지 않겠냐"는 제의를 받았다. 결국 그녀는 원했던 회사에 임시직으로 들어가 열심히 일한 덕에 자신의 능력을 인정받아 정직원이 되었다.

요즘같이 취업이 어렵다는 때에 자신이 원하는 회사에 들어가는 것은 낙타가 바늘구멍을 통과하는 일과도 같다. 그녀가 자신이 원하는 곳에서 일할 수 있게 된 것은 남들과 다른 행동력이 있었기에 가능한 일이었다. 인생은 생각보다 정직하다. 인생의 모든 일은 인과관계가 존재한다. 늘 뜻대로 되지 않는 게 인생이라 할지라도, 행동하는 자에게는 과거와 다른 어떤 새로운 변화가 일어난다.

행동하면
새로운 일이 일어난다

내가 20대 시절에 가장 잘 한 일은 여행이다. 정확히 말해 '혼자 여행'이다. 세상은 매우 넓고, 살아가는 방식은 저마다 다르다. 우리가 속해 있는 이 작은 세상과 다르게 살아가는 사람들을 본다는 것은 나에게 매우 의미 있는 시간이었다.

스물둘, 80일간 혼자 유럽 여행을 하고 와서 나는 많은 것을 얻었다. 그리고 그 행동에 대한 보답으로 새로운 꿈들을 갖게 되었다. 그 중 하나는 '해외에서 공부하기'였다. 예전부터 꿈꿨던 일이지만 형편상 어렵다는 핑계 아닌 핑계로 잠시 잊고

프랑스 니스에 머물던 시절 룸메이트와 　　프랑스 깐느에서 친구들과
일본인 친구

살았던 것인데, 그 꿈을 다시 꾸게 된 것이다.

한국으로 돌아와 어학공부와 필요한 준비들을 하고, 1년
뒤 교환학생으로서 프랑스로 떠났다. 내 생애 프랑스에서의 삶
은 가장 값진 경험 중 하나다. 새로운 친구들, 새로운 환경에서
의 적응, 그리고 다양한 유럽 문화의 경험들, 이후 또 다시 나는
혼자 여행을 했다. 여행을 통해 새로운 영감과 아이디어를 얻
기도 하고, 새로운 사람들을 만나기도 하는 그 과정은 나에게
'행동하면 새로운 일이 일어난다'는 마법 같은 진리를 알게 해
주었다.

무언가 변화가 필요한데 어디서부터 시작해야 할지 모르겠
는가? 나는 혼자 여행을 하라고 권하고 싶다. 큰돈이 필요한 것도,
멀리 가야 할 필요도 없다. 평소와 다른 장소에 혼자 머무른다는
것 하나만으로도 당신에게 새로운 변화를 가져다 줄 것이다.

4
—

그들의
인생은 어떻게
바뀌었을까?

—

1

마사 스튜어트 (Martha Stewart)
– 마사 스튜어트 리빙 옴니 미디어 CEO

결혼하고 아이를 낳아도
새로운 인생을 시작할 수 있다

월스트리트 주식 중개인으로 일했던 그녀,
결혼 후 진정한 자신을 찾아 주부들의 우상이 되기까지

'마사 스튜어트'는 가정살림에 관한 지혜와 노하우를 집대성한 가정생활잡지 〈마사 스튜어트 리빙〉을 만든 가정살림의 최고 권위자다. 그녀는 미국 경제지 〈포춘〉에 '가장 유력한 여성 50인'으로 2번이나 선정되었으며, 〈타임〉도 '미국에서 가장 영향력 있는 25인'으로 선정할 만큼 엄청난 영향력을 지니고 있다.

그녀는 30대가 지나서야 자신이 정말 원하는 일을 찾았고, 마흔이 넘어서 조금씩 세상에 알려지게 되었으며, 50대에 새롭게 미디어 사업에 뛰어든 늦게 핀 꽃이다. 또한 살림살이를 비즈니스와 예술로 승화시킨, 적어도 이 분야에서는 가장 크게

성공한 여성이라 할 수 있다.

　　1941년 가난한 폴란드계 이민자의 둘째 딸로 태어난 마사는 어떻게 살림의 여왕이자 억만장자 여성 CEO가 되었을까?

살림살이를 비즈니스와 예술로 승화하다

　　마사는 우리가 알고 있는 '살림의 여왕'이 되기 전, 다양한 직업을 경험했다. 그녀는 10대 시절부터 우연한 계기로 모델 활동을 해 왔는데, 대학시절은 물론 결혼 후에도 잠시 동안 이 일을 계속 했었다. 버나드 대학교에 다니던 시절, 처음에 화학을 전공했으나 이후 미술과 유럽 역사로 변경해서 공부하다가 또다시 건축 역사로 변경하여 공부하였다. 이렇듯 자신의 적성에 맞는 것을 찾기 위해 계속 노력했다.

결혼하고 아이를 낳은 후에는 좀 더 제대로 된 커리어를 쌓을 수 있는 일을 모색하다가, 뉴욕 경제의 중심지 월스트리트의 삶을 경험하게 된다. 마사가 월스트리트에서 활동한 것은 28세부터 33세가 되던 1973년 중반까지 였다. 그 곳에서 5년 가까이 주식 중개인으로 일한 것이다. 당시 뉴욕에서 주식은 최고 권력을 의미했고, 1970년대 주식 시장이 기나긴 적자 시장으로 돌아서기 전까지 그녀는 회사에서 고공 승진을 이어갔다. 하지만 회사가 불경기를 이기지 못하고 문을 닫자, 그녀에게도 또 한번 인생의 전환기가 오게 된다.

주식 중개인을 그만둔 후, 마사는 남편과 함께 새로운 사업을 시작했다. 코네티컷의 오래된 농가를 사서 현대식 가정집으로 개조한 후 지하에 요리실과 사무실을 꾸미고 출장 요리 사업을 시작한 것이다. 당시 자녀를 둔 젊은 엄마들은 출장 요리 사업에 관심이 많았다고 한다.

그녀의 탁월한 음식 솜씨와 뛰어난 테이블 세팅 능력 덕에 순식간에 사람들의 입소문을 타게 되었다. 마사의 고급화 전략으로 할리우드의 유명 배우들에게도 인기를 끌었고, 사업은 날로 번창했다.

그러다 자신을 한 번 더 정확히 알릴 기회가 왔다. 남편이 법률 자문을 봐주던 출판사의 제안으로 1982년에 요리책《엔터테이닝》을 발행했는데 50만 부가 넘게 팔리며 베스트셀러에 오르게 된 것이다. 그녀는 이런 성공에 자신감을 얻어 요리뿐만 아니라 집안 가꾸기, 육아, 바느질, 다림질 등 사업의 범위를 점차 넓혀 나갔고 미국 신세대 주부들의 꿈의 모델로 자리잡게 된다.

마사의 성공에서 가장 확실한 견인차 역할을 한 것은 미국의 대형 유통업체인 K마트의 모델이 된 것이었다. 책을 출간한 이후 그녀의 가능성을 알아본 K마트는 자신들이 취약하다고 여겼던 키친 코너를 마사 스튜어트의 얼굴을 내세워 대대적으로 광고하였다. 그녀가 진행하는 TV쇼 〈마사 스튜어트 리빙〉 또한 높은 시청률을 기록했다. 그렇게 출판과 광고, TV쇼, 신문 칼럼 등 마사 스튜어트의 인기는 하늘 높은지 모르고 치솟았다.

이러한 성공에 힘입어 1999년에는 '마사 스튜어트 리빙 옴니 미디어'를 설립하였다. 그리고 당시 몇 안 되는 억만장자 여성 CEO의 대열에 합류한다.

이것이 그녀의 50년 인생을 간추린 것이다. 그녀의 성공은 절대 한 번에 이루어진 것이 아니다. 가난한 이민자의 딸로 태어나 좁디좁은 연립주택에서 여덟 명의 식구와 함께 살았던 그녀는 모델, 주식 브로커, 출장 요리 사업가 등을 거쳐 다양한 리빙 영역에서 사업 센스를 발휘해 출판, 방송을 넘나드는 성공적인 여성 사업가가 된 것이다.

중요한 것은 그녀는 스스로 끊임없이 변화하기 위해 노력했다는 점이다. 만약 결혼 후 변호사 남편의 내조만 했다면 이 모든 일은 불가능했을 것이다. 그녀는 결혼과 상관없이 자신을 찾기 위해 부단히 노력했고, 30대 중반에 '평생 이 일을 즐겁게 할 수 있겠다'는 확신이 드는 일을 찾아 살림살이를 비즈니스와 예술로 승화했다.

주식 부당거래로 돌아선
고객의 마음을 다시 얻기 위해 최선을 다하다

승승장구하던 그녀는 미디어 기업을 설립한 후 사업이 더욱 번창할 것을 기대했지만, 인생에서 가장 큰 어려움을 겪게 된다. 2002년 마사는 한 회사의 주식을 부당 거래했다는 혐의로 조사를 받았고 증권사기와 음모, 허위진술 등의 혐의로 기소됐다. 이로 인해 마사는 잠시 '마사 스튜어트 리빙 옴니 미디어'의 CEO 자리에서 물러나 2004년과 2005년 사이 5개월 간 복역하였다. 그녀는 "사업을 하면서 가장 힘들었던 때는 5개월 동안 교도소 생활을 할 때였다"고 밝혔다.

마사는 입소 전 기자회견을 통해 자신의 생각을 이렇게 전했다. "곧 복역을 시작해 형기를 마치고, 이 악몽 같은 사건을 마무리하고자 합니다. 3월 초에 돌아와 봄 정원을 다시 꾸미고, 식물이 자라나는 모습을 보고 싶기 때문입니다."

마사는 참으로 강한 정신력의 소유자다. 언론과 많은 대중의 비판 가운데서도 자신의 미래에 대한 꿈을 잃지 않았다. 그리고 입소한 뒤 수감자들과 다정하게 어울렸고, 자기 방에 동료 수감자들을 초대해 소규모 신년 파티를 열기도 했다. 또한 수감자들의 갱생 교육 프로그램이 없다는 것을 알고, 이를 언론에 호소하기도 했다. 매일 교도소 마당에서 파워워킹을 하고, 근력 운동을 하면서 철저하게 복귀 준비를 했다고 한다.

노력을 멈추지 않는 끊임없는 노력 덕분인지 출소하기 일주일 전 실시한 여론 조사 결과, 처음 그가 기소되었을 때에 비해 35%나 지지율이 올랐다고 한다. 마사는 이때 일을 떠올리면서 "그때도 고객이 떠나지 않는 것을 보면서 자신감을 가졌다"고 한다. 덧붙여 "가장 중요한 것은 고객이며 고객이 원하는 것을 제공해야 한다"고 기업가로서 가져야할 중요한 마인드를 전했다.

웬만한 사람이면 멘탈이 무너질 만한 사건임에도 그녀는 이 사건에서 어떻게 대처하고 처리해야 돌아선 고객들의 마음을 다시 얻을 수 있는지 깊이 고민했다. 그리고 구차한 항소 없이 자신의 잘못을 반성한다는 의미로 5개월간 복역을 했다. 물론 그녀가 사건에 대한 잘못은 했을지라도, 잘못을 대하는 태도와 다시 재기하는 모습은 기업가로서 모범이 되었다.

이런 우여곡절 사건이 있음에도 불구하고, 그녀가 사업가로서 그리고 가정주부로서 전 세계 많은 여성에게 귀감이 되었다는 사실은 변함이 없다. 그녀는 어린 시절부터 다양한 경험을 하면서 늘 새로운 것에 도전했다. 역사와 건축에 이르는 다양한 전공, 잡지 모델과 월스트리트 주식 중개인으로서의 성공적인 삶까지. 변화를 두려워하지 않고 새로운 시도를 계속해왔기에 지금의 '마사 스튜어트'라는 이름이 하나의 브랜드로 자리매김하게 된 것이다.

40세든, 50세든
새로운 일을 시작하기에 늦은 나이는 없다

"40세, 50세는 새로운 직업을 시작하기에 좋은 나이입니다."

몇 년 전 한국에 초청되어 온 마사가 한 컨퍼런스에서 한 말이다. 이 얼마나 반갑고 희망찬 말인가? 그녀는 청중에게 "무언가를 시작하고 성공하기에 늦은 나이는 없다"며, "잡지 '리빙'(Living)을 시작할 때 내 나이는 50세였다"고 전했다. 주치의가 그녀에게 '늦게 만개한 꽃 같다'라는 표현을 자주하는데, "언제라도 활짝 펴보는 것이 피어보지도 못하고 지는 것보다 낫다"며 지금 현재의 나이가 40대이든 50대이든 혹은 더 많든, 살아있는 날 동안 한 번이라도 활짝 펴 볼 수 있는 기회를 자신에게 주기 위해 부단히 노력할 것을 당부했다.

누구나 마사처럼 일에 대한 뜨거운 열정을 가질 수는 없을 것이다. 하지만 최소한 해보고 싶었던 것들을 나이라는 제한 때문에 스스로 한계를 그어버리는 어리석은 짓은 하지 말아야 한다. 그녀가 얘기했듯이 세상에는 늦게 자신이 원하는 것을 찾은 사람, 늦은 나이에 한 가지 직업에서 완전히 다른 또 다

른 직업으로 전향하는 사람도 많다. 그녀가 모델에서 주식 중개인, 그리고 출장 요리 전문가이자 살림살이를 알려주는 최고 CEO가 된 것처럼 말이다.

　그녀를 보면 모든 일은 개인의 마인드와 태도에 달려 있다는 것을 다시 한번 깨닫게 된다. 본인이 정말 잘하고 좋아하는 일을 하는 것은 그 어떤 일보다 즐거운 일이다. 일과 개인생활 간에 상호 시너지를 낼 수도 있다. 일 자체가 생활의 활력이 될 수 있다는 의미다.

　무엇보다 좋아하는 일을 업으로 삼으면 오래 지속할 수 있다. 일에서는 이 '지속 가능성'이라는 것이 중요한데, 정말 좋아하는 일이 갑자기 싫증나는 경우는 생각보다 적기 때문이다.

그리고 끊임없이 그 일에 좀 더 새롭고, 좀 더 다른 창의적인 아이디어를 내기 위해 본인 스스로가 노력하게 된다. 마사가 자신의 출장 요리 사업 영역을 요리법, 자수, 집안 가꾸기, 육아 등 더욱 세부적인 영역으로 확장시킨 것처럼 말이다. 최근에는 마사 스튜어트 카페도 오픈하여, 커피와 티 그리고 베이킹 류의 사업도 같이 하고 있다.

지금 이 글을 읽는 분들 중에 자신의 나이를 이유로 새로운 일을 시작하지 못하고 망설이거나 포기한 사람이 있다면 마사 스튜어트를 기억하기 바란다. 마사 스튜어트는 죽기 직전까지 우리가 해야 할 일, 그리고 가장 행복하게 사는 방법은 '꿈꾸는 일'이라는 것을 알게 해준다. 그 꿈이 내 손에 잡히려면 지금 시작하는 것이 답이다. 망설이지 말고 도전하자.

2

토니 고 (Toni Ko)
– 화장품 브랜드 닉스(NYX)의 창립자

제일 잘할 수 있는 일은
내가 가장 사랑하는 일이다

스물다섯 살부터 가진 확고한 믿음이
15년 후 5,800억 원이라는 열매를 맺기까지

우리는 부모에게 받은 것이 아닌 자신의 힘으로 성공한 사람을 보면 대단한 희열을 느낀다. 이제 "개천에서 용 났다는 말이 없어진지 오래다"라는 자조 섞인 말을 세상이 내 놓는다고 할지라도, 인생에는 역전의 기회가 무수히 많다는 걸 그들이 증명해 주기 때문이다.

그들이 어떻게 자신이 원하는 삶을 살았는지, 성공의 궤도 에 오른 비결은 무엇인지를 살펴보는 것은 아주 의미 있는 일 이다. 인생은 늘 더 나아질 희망이 있어야 재미 있고 의미 있기 때문이다. 그래서 '어린 나이, 이민자, 무경험'이라는 핸디캡을 가지고 있음에도 불구하고, 미국에서 화장품 브랜드를 창립해 큰 성공을 거둔 한 여성을 소개하려고 한다.

그녀는 미국 경제지 〈포브스〉가 선정한 '2016년 미국의 자수성가 여성 60인' 리스트에 오른 인물이기도 하다. 현재는 로레알이 5억 달러에 인수한 화장품 브랜드 닉스(NYX)를 만든 재미 교포 '토니 고'(Toni Ko)다.

소셜미디어를 통한 마케팅 전략!
시대의 흐름을 파악하다

"로레알에 인수된 비결이요? SNS 팔로워 덕분이죠. 이제 제품만 좋으면 유명 모델을 내세워 TV 광고를 하지 않아도 자연스럽게 소비자끼리 제품을 홍보하는 시대입니다. 제품의 퀄리티 하나에만 집중하면 되는 거죠."

한 인터뷰에서 토니 고에게 성공 비결을 묻자 그녀가 했던 말이다. 그녀는 대구에서 태어나 초등학교를 다니다 1986년 열세 살 때 부모를 따라 미국 LA로 이민을 갔다. 즉 이민자 1.5세대인 것이다. 10대 때 부모님을 따라 떠난 이민이었기에, 적응하는 데 어려움이 있었을 것이다. 하지만 그로부터 30년 후,

토니는 미국 사회에서 인정하는 여성 억만장자로 등극했다. 그녀는 스물다섯 살에 미국 캘리포니아주 LA에 사무실을 내고 화장품 회사를 창업했다. 당시 20대의 어린 나이, 아시아계, 여자라는 3대 핸디캡은 비즈니스 미팅을 할 때마다 발목을 잡았다고 한다. 그럼에도 불구하고 악화되는 경기에 값싸고 질 좋은 제품을 찾는 여성들의 니즈와 SNS의 폭발적인 수요가 더해져서 그녀의 브랜드는 크게 성장할 수 있었다.

토니 고는 2008년 우연히 사람들이 유튜브 뷰티 스타 미셸 판(Michelle Phan)에게 열광하는 것을 보고, 소셜미디어의 유명 뷰티 블로거를 활용한 마케팅을 고안했다. 이후 소셜미디어의 뷰티 스타들에게 닉스의 화장품을 무료로 보내주는 방식을

도입했고, 이를 통해 닉스는 큰 홍보 효과를 얻을 수 있었다. 이
는 닉스가 다른 화장품 기업보다 더 빠르게 다양한 SNS를 활
용하는 계기가 됐다. 로레알이 닉스를 사려고 마음먹었던 이유
도 소셜미디어에서 닉스가 확보하고 있는 두터운 팬층 때문이
었다.

> "닉스는 인스타그램, 페이스북, 유튜브 등 다양한 SNS 팬층
> 을 보유하고 있습니다. 로레알이 닉스를 인수할 당시 닉스의
> 인스타그램 팔로워는 160만 명 정도였어요. 로레알의 경우는
> 4,000~5,000명도 되지 않았는데 말이죠. 물론 닉스의 제품이
> 훌륭한 것도 사실이지만, 인수의 가장 큰 동기는 닉스가 가진 마
> 케팅 채널 때문입니다."

그녀는 지금 이 시대에 SNS 마케팅이 얼마나 파급력이 있
고, 중요한 것인지를 재차 언급했다. 신생 브랜드는 유명 연예
인을 써서 TV 혹은 잡지에 광고를 하는 전통적인 방식의 마케
팅을 감당할 여력이 없다. 그래서 광고와 마케팅에 쓸 돈을 모
조리 제품에 쏟자고 결심했다. 좋은 제품을 저렴한 가격에 내
놓는 것에 사활을 걸었다.

값싸고 질 좋은 제품을 만든 후 SNS 인플루언서에게 제품

을 보냈다. 제품을 써본 인플루언서들은 제품을 자연스럽게 홍보해 주었다. 그녀가 이렇게 빨리 성장할 수 있었던 것은 '소셜 미디어'의 영향이 가장 크다. SNS가 마케팅의 판도를 바꿔 버렸기 때문이다. 소비자들은 매우 똑똑해졌고, 이제 더는 유명 배우나 연예인이 홍보하는 제품을 100% 좋다고 믿지 않는다. 그들이 모델료를 받고 광고를 하는 사람일 뿐, 제품력을 입증하는 것이 아니라는 것을 알고 있기 때문이다. 오히려 제품과 아무런 관련이 없는 뷰티 유튜버가 사용해 보고 솔직한 리뷰를 한 것이 여성들에게 더 큰 공감을 얻었고, 자신들만의 숨은 아이템을 서로 공유하기 시작한 것이다.

이러한 전략을 통해 닉스는 많은 대중에게 사랑을 받았다. 그녀는 시대의 흐름을 잘 파악했고, 그것을 발 빠르게 캐치해서 자신의 사업에 접목한 것이다.

좋아하고 잘 아는 일을 해야 성공한다

"어린 시절부터 화장하는 것을 참 좋아했어요. 학창 시절 어머니께서 화장을 못 하게 하셔서, 책가방에 비누와 화장품을 늘 챙겨

다니곤 했습니다. 학교에 도착하자마자 빨간 립스틱을 바르고 아이라이너로 눈꼬리를 그렸지요. 그리고 집에 들어가기 바로 전에 비누로 얼굴을 씻었어요. 점심 사 먹을 돈을 아껴서 립스틱 하나를 겨우 장만했던 기억도 납니다."

그렇다. 그녀는 어릴 적부터 화장품에 관심이 매우 많았다. 부모님한테 혼날까봐 비누와 화장품을 늘 책가방에 가지고 다녔다는 이야기만 보아도, 화장품에 대한 애정이 묻어난다. 그런데 대학교를 다니던 시절까지 백화점에서 파는 고급 브랜드 화장품을 살 형편이 못 되었고, 또 드럭스토어(Drug store)에서 파는 저렴한 화장품의 질에는 만족하지 못했다. 그래서 자신이 합리적인 가격에 좋은 질의 화장품을 만들자고 마음 먹게 된 것이다.

이처럼 내면에서 끌어오르는 욕구가 있었다. 자신이 화장품을 너무나도 좋아했기에 값싸고 질 좋은 제품을 찾는 것이 소망이었고, 그러한 제품은 시장에 거의 존재하지 않는다는 것을 깨닫고 사업에 뛰어든 것이다. 늘 내면의 욕망이 행동을 불러일으킨다. 그녀도 그러한 내적 욕망을 따라 자신의 사업을 성공시킨 것이다.

토니는 브랜드를 출시한 첫 해에만 무려 400만 달러(40억 이상)의 매출을 올렸다. 그리고 닉스는 2000년 대 초반 미국에서 가장 빠르게 성장하는 화장품 브랜드가 되었다. 여기에 2008년 금융위기는 그녀의 사업에 또 한 번 날개를 달아주었다. 당시 저가 화장품에 대한 관심이 늘면서 오히려 불황이 기회가 된 것이다.

닉스의 인기 제품인 립 펜슬의 가격은 3.5달러, 그러니까 4,000원 정도 밖에 되지 않았다. 몇 천 원 주고 살 수 있는 가격에, 품질은 어떤 제품보다 뛰어났기에 10대들도 커피 한 잔, 밥 한 끼 거르고 살 수 있었던 것이다. 그녀가 어린 시절 경험했던 고민을 지금 새로운 세대들에게 해결해 준 셈이다.

"잘 아는 일을 해야 성공합니다. 100% 아는 걸로는 모자라고 1,000% 알아야 합니다. 전 여자이고 화장품 소비자이며 화장을 아주 좋아합니다. 어떤 사람은 저한테 왜 이렇게 화장을 진하게 하냐고 물어요. 저는 되묻죠. '내가 화장품을 파는 사람인데, 내가 안하면 누가 화장을 하겠느냐?'라고요. 돈을 벌기 위해 비즈니스를 하겠다는 사람이 있으면 말리고 싶어요. 그렇게 해서는 성공하지 못합니다. 즐거야 성공할 수 있습니다."

성공의 방정식은 늘 똑같다는 생각이 든다. 지겹다고 해도 어쩔 도리가 없다. 왜냐하면 그것이 진리이기 때문이다. '좋아하는 일을 해야 성공할 수 있다'는 방정식은 절대 깨질 수 없는 불변의 법칙이다. 좋아해야 잘하고 싶고, 좋아해야 힘든 일들도 버틸 수 있고, 좋아해야 지속할 수 있기 때문이다. 자신의 사업을 생각하고 있는 사람이라면 '좋아하는 것'과 '잘 아는 것'으로 해야 한다는 것을 잊지 말기 바란다.

모든 일은
과정이 즐거워야 한다

내가 그녀를 높게 평가하는 이유가 있다. 그녀가 자수성가한 젊은 여성이어서가 아니다. 그녀는 이미 닉스의 성공으로 2억 6,000만 달러(약 3,000억)라는 개인 자산을 일궜다. 그런데 또다시 창업에 나섰다. 그 이유는 '일 자체가 즐거워서'다.

"회사를 팔 때만 해도 해변에서 마가리타를 마시면서 남은 여생을 보내려고 했어요. 너무 힘들게 달려왔기 때문에 휴식이 필요하다고 생각했지요. 하지만 은퇴는 그리 즐거운 일이 아니란 것을 깨달았어요. 휴가가 달콤한 건 돌아갈 직장이 있기 때문이지. 계속 쉬기만 한다면 휴가도 의미가 없고 즐겁지도 않지요. 저는 더 열심히 살고 삶의 가치를 빛낼 수 있는 일을 계속하고 싶었어요. 무엇보다 저는 일하는 것이 즐겁고 좋습니다."

그녀는 자신이 관심이 있고, 좋아하는 분야 중 가장 접근하기 쉬운 아이템을 택했다. 바로 '선글라스'다. 선글라스의 경우 비싼 명품 아니면 품질이 안 좋은 싸구려 제품이어서 중간 가격대의 부담 없는 가격에 품질 좋은 선글라스가 많지 않다는 것을 깨닫고 선글라스 사업을 하기로 마음 먹은 것이다.

　"제가 원래 선글라스 마니아였거든요." 토니는 개인적으로 선글라스를 매우 좋아하고 다양한 제품을 사용하고 있었다. 100개가 넘는 선글라스를 소유하고 있는데, 거의 유명 브랜드의 제품으로 개당 가격은 300달러가 넘었다. 그녀는 닉스 화장품처럼 고품질의 선글라스 제품을 합리적인 가격에 판매하기로 하고, 2016년 3월 LA에서 선글라스 회사 '퍼버스'(Perverse)를 창업했다. 그리고 다양한 색깔의 선글라스를 40~60달러에 출시했다. 토니는 퍼버스 제품에 대해 품질은 150달러짜리 선글라스에 결코 뒤지지 않는다고 자신했다. 그녀의 다음 목표는 5년 내 퍼버스의 매장을 125곳으로 확장하는 것이다.

　"호랑이는 죽어서 가죽을 남기고, 사람은 죽어서 이름을 남긴다고 하지요? 전 마지막 은퇴를 하기 전에 총 세 개의 회사를 성공적으로 키워서 매각할 계획입니다. 지금 두 번째 회사를 준비 중입니다. 창업은 정말 멋진 일이고 기업가 정신은 아름다운 것이에요."

한 기업가로서 일 자체를 즐기는 도전적인 모습을 제대로 보여주는 대목이다. 그녀의 한 SNS 계정 프로필에는 이런 문구가 적혀 있다.

"나는 재미를 위해 일한다. (I work for fun)"

재미있어서, 정말 하고 싶어서 일을 한다는 것은 우리 모두에게 꿈과 같은 이야기지만, 그것이 성공의 지름길이기도 하다.

닉스의 창업 초기에 토니는 2년 동안 월급을 받지 못했다. 그럼에도 그렇게 일에만 매진할 수 있었던 것은 오로지 일에 대한 열정과 사랑이 있었기 때문이다. 그녀는 자신의 삶을 통해 정말 좋아하고, 잘 아는 것을 하면 얼마큼 성공할 수 있는지, 그리고 인생은 결과가 아닌 과정이라는 것을 다시 한번 깨닫게 해준다.

모든 일은 과정이 즐겁지 않으면 의미가 없다는 것을 꼭 기억 했으면 한다. 인생이 끝나기 전에 끝난 것은 아무것도 없다.

3

박혜림
– 동시통역사, 《세상을 통역하다》 저자

위기는 기회다.
지금 힘들다면 분명 곧 동이 틀 것이다

잘 나가던 동시 통역사에서 시력을 잃을 큰 위기에 처해
새로운 자신을 발견하기까지

　　자신이 진정으로 원하는 삶을 산다는 것은 쉽지 않은 일이다. 이유가 어찌 되었든 내 인생이 온전히 나만의 인생이 아닌 경우가 많기 때문이다. 학교나 직장을 정할 때 가족의 의견, 혹은 주변 사람들이나 사회의 평판을 염두에 두고 결정하고, 배우자를 선택할 때도 부모의 반대로 헤어지기도 하는 등 내 인생인데 내가 결정하지 않고 남에 의해서 혹은 남이 결정하는 경우가 많다.

　　나이가 들어 불현듯 내가 걸어온 길이 나의 의지가 아니었다는 생각이 들 때 밀려오는 회의감은 생각보다 크다. 매순간 자신이 정말 원하는 것이 무엇인지 스스로에게 질문해 봐야 한다.

몇 년 전, 우연히 서점에서 한 권의 책을 들게 되었다. 처음엔 책 표지에 실린 저자의 외모가 예뻐서 그 책을 골랐다. 하지만 책을 읽으면 읽을수록 굴곡이 있는 그녀의 인생사를 통해 나의 인생을 돌아보게 되는 묘한 매력에 빠지게 되었다. 나는 저자를 직접 만날 수 있는 특강이 있다는 것을 알고 설레는 마음으로 특강을 신청했고 드디어 그녀를 만났다. 통역사이자 작가인 '박혜림' 씨다.

마음이 시키는 대로
한 번 가보자

학창시절 성실하고 모범적이었던 그녀는 법대를 졸업한 후 바로 대기업에 입사했다. 주변에서 보기에 아무런 걱정 없이 탄탄대로의 길을 가는 그녀였다. 하지만 입사 후 매일 정신없이 똑같은 일을 반복했는데, 지나고 보니 몇 년간의 삶이 마치 하루라고 해도 다를 바가 없는 일상의 반복이었다.

매우 도전적이고 성취하는 쾌감을 좋아했던 그녀에게 문득 삶의 공허함이 찾아왔다. 그러던 중 어느 날 상사와의 대화에서 그녀의 가슴을 뛰게 만드는 보물을 발견하게 된다. 그녀에게 또다시 꿈이 생긴 것이다.

앞으로 어느 부서에서 일하고 싶냐는 질문에 이야기가 오고가다가, 일본어를 하는 한 통역사의 이야기를 듣게 되었다. 그 통역사는 다양한 회사와 분야에서 일하다가, 그것을 무기로 자신의 사업까지 시작하게 되어 종횡무진하고 있다는 스토리가 그녀의 마음을 사로잡은 것이다.

순간 '그래, 통번역이다!'라고 마음속으로 유레카를 외쳤다. 대학 시절 통역 봉사 활동을 하면서 영어에 대한 재미를 느꼈고, 또 나름 열심히 영어공부를 해왔노라 자부했었기에 그녀

는 과감히 회사를 그만두고, 통번역 대학원에 진학하기 위한
공부를 시작했다. 물론 쉬운 결정은 아니었지만, 고민하는 시
간보다 결정은 빨랐다. 그 때 회사를 정리하고 나오면서 책상
을 어루만지며 이런 생각을 했다고 한다.

'그래, 인생을 어떻게 머리로만 생각하면서 살 수 있겠어. 이번엔
마음이 시키는 대로 한번 가보자. 잘 안 되면 그건 그때 다시 생각
해보지 뭐!'

그녀의 나이, 스물여섯 살의 새로운 결심이었다. 그렇게
그녀는 새로운 공부를 하게 되었고, 준비하는 동안 참 많은 우
여곡절이 있었지만, 몬터레이 국제대학원(Monterey Institute of
International Studies) 통번역과에 합격해 스물일곱 살에 미국으
로 떠났다.

위기를 어떻게 보느냐는
당신에게 달려 있다

미국에서 대학원을 졸업한 후, 그녀는 다시 한국으로 돌아

와 국내 정부 기관과 외국계 컨설팅 회사에서 통번역과 기업 비즈니스 업무를 담당하였다. 그렇게 열심히 일한지 3~4년이 지났을까? 쉼 없이 달려오던 그녀의 인생에 브레이크를 거는 일이 생겼다.

오른쪽 망막에 '황반원공'이 생긴 것이다. 황반은 망막 가운데 시상이 맺히는 부분인데 여기에 구멍이 난 상태라 수술을 하지 않으면 안 되는 상황이었다. 그런데 수술을 한다고 해도 시력이 회복될지 안 될지, 회복이 된다면 어느 정도로 될지 알 수 없다는 사실이 그녀를 더욱 불안하고 힘들게 만들었다. 또 수술 이후에도 눈 상태 회복을 위해서 상당 기간 엎드려 지내야만 했다.

> "그때 마음이 참 힘들었어요. 회복이 안 되면 어쩌지, 시력이 안 돌아오면 앞으로 난 어떻게 살아가야 되나 하는 막막함과 걱정 때문에 굉장히 우울했었고요."

얼마나 걱정되고, 무서웠을까? 제3자는 짐작도 못할 만큼의 두려움과 불안이 엄습했으리라 생각한다.

3년 동안 다니던 회사도 그만두고 요양생활을 시작했는데 이를 계기로 평소에 너무나 당연하다고 생각했던 일들의 고마움을 느끼게 되었다. 고개 들어 하늘을 바라보는 일, 숲길을 걷는 일, TV나 책을 보는 일, 운동하거나 외출하는 일, 가족이나 친구와 얼굴을 맞대고 이야기하는 일 등 우리의 일상 모든 것이 감사하게 느껴졌다. 하나부터 열까지 눈 없이는 아무것도 할 수 없으니 생각할수록 눈물이 났다.

하지만 그렇다고 모든 것을 포기할 수는 없었다. 지금의 상황을 받아들이고 최대한 긍정적인 태도를 가져야겠다고 마음먹고 요양생활을 하며 건강을 회복하고자 노력했다. 이런 그녀의 노력과 어머니의 위로와 기도 덕분이었는지 다행히 눈은 잘 회복되었다. 시력도 발병 전 만큼은 아니지만 일상생활을 하는 데 무리가 없는 정도로 회복되었다. 의사 선생님은 기적적이라고 말했다. 수술이 잘 되더라도 거의 99%, 수술에 쓰인 약의 부작용 때문에 백내장이 발병하게 될 것이라고 했는데, 그녀는 백내장도 생기지 않았다. 너무도 감사한 일이었다.

수술 후 회복이 잘된 것은 너무나 감사한 일이었지만, 두 달쯤 지나고 건강이 회복되자 또 다른 걱정이 스물스물 올라오기 시작했다. '앞으로 뭐 해 먹고 살지?' 병으로 잠시 일을 쉬

게 된 것은 어쩔 수 없는 일이었지만 언제까지 계속 손을 놓고 있을 수는 없는 일이었다. 오랫동안 경력이 단절되는 것보다는 무엇이라도 시작하는 게 좋겠다고 생각한 그녀는 이력서를 돌리기 시작했다. 하지만 생각처럼 쉽게 일이 풀리지는 않았다. 한 달여간을 초조함과 씨름하며 보냈다.

그러던 어느 날 집에서 TV를 보고 있는데 시청자의 참여를 독려하는 뷰티 서바이벌 TV 프로그램 예고편이 나왔다. 지원하고 싶은 사람은 이메일로 자신의 소개와 사진을 보내달라는 내용이었다. 그녀는 무슨 생각이었는지 그 자리에서 일어나 바로 그 프로그램에 참여하고 싶다는 지원서를 보냈다. 변변한 프로필 사진도 없어서 백화점 화장실에서 친구랑 같이 찍었던 셀카 사진 몇 장이랑 간략한 자기소개를 적어 보냈다.

그리고는 지원서를 보냈다는 사실조차 잊고 몇 주가 흘렀다. 여느 날처럼 친한 동생과 저녁을 먹으면서 이야기를 하고 있는데 전화벨이 울렸다. 1차 합격됐으니 오디션을 보러 오라는 작가의 전화였다. 그리고 시작된 몇 번의 오디션과 합격. 본방 촬영. 뭐가 뭔지도 모른 채 하다 보니 결국 최종 3인방이 되어 마지막 편까지 촬영을 하게 되었다.

거기에다가 프로그램의 원래 조건은 최종 1등만 화장품 지면 광고를 찍는 것이었는데, 광고주가 그녀를 좋게 본 덕분에 제품 지면 광고도 함께 찍을 수 있었다.

그녀가 이 오디션 프로그램을 통해서 얻은 가장 큰 소득은 지금껏 한 번도 경험해 보지 못했던 것들을 하는 가운데 '나는 할 수 있다'는 자신감을 얻은 것이었다.

충만해진 자신감으로 다시 통번역사를 채용하는 여러 회사와 단체에 지원했다. 그 가운데 2018 평창동계올림픽 유치위원회에 합격하여 약 1년 간 활동하였다. 그리고 유치가 성공적으로 마무리되어 유치위가 해산을 앞둔 어느 가을날 또 다시 그녀에게 한 통의 전화가 왔다.

1년 전 그 프로그램의 작가 중 한 분이 '슈퍼스타K'라는 오디션 프로그램이 있는데 혹시 통역을 해줄 수 있겠느냐고 물었다. 얼떨결에 그러겠다고 한 후 유치원의 일을 마치고 저녁 늦게 생방송 촬영 현장으로 갔다.

통역을 한 다음 날, 그녀는 예상치도 못하게 언론의 큰 관심을 받았다. 실시간 검색어 1위에 수차례 올랐고, 각 방송사에서 출연 요청이 들어왔다. 덕분에 그녀는 또 다른 다양한 경험들을 할 수 있었다.

나는 그녀의 이야기를 통해 인생은 생각보다 동화 같은 일들이 많이 일어난다는 사실을 또 한 번 깨달았다. 그래서 가끔 너무도 외롭고 힘든 시기가 올 때마다 '위기는 분명 기회다'라는 말을 잊지 않으려 한다.

하루 중 가장 어두운 시점은 동트기 직전이라고 하지 않았던가? 학업이나 사업에서 실패를 맛보거나 혹은, 회사에서 해고를 당하는 등 세상일은 늘 내가 원하고 계획한대로 되지는 않는다. 그럴 때 지금 나에게 처한 사건을 어떻게 받아들이고 어떠한 태도를 취할 것인가는 매우 중요하다.

지금 내 인생에서 가장 암울한 시기를 겪고 있다는 생각이 든다면, 기억하자. 분명 동트기 직전일 것이다. 지금 이 순간을 잘 넘기면 동화 같은 일들이 일어날 것이다.

인생은 늘
열린 결말이다

나비효과라고 들어봤을 것이다. 나비의 작은 날개짓이 날씨 변화를 일으키듯, 미세한 변화나 작은 사건이 추후 예상하지 못한 엄청난 결과로 이어진다는 의미다. 인생의 많은 일들의 의미는 지나고 나야 알 수 있다. 그 당시는 모른다.

"아직도 가끔 생각합니다. 눈 수술을 하고 좌절한 채 아무런 시도도 하지 않았더라면 지금의 내 모습은 어땠을까 하고요. 아니 눈에 병이 생기지 않았더라면 수술도 하지 않았을 테고 그러면 늘 그래왔듯 어느 회사든 다니고 있었겠죠. 그랬다면 그날 그 프로그램의 예고편을 한가로이 집에 앉아서 볼 기회도 없었을 것이고, 당연히 그날 이후 벌어진 여러 가지 사건도 제 인생에서 일어나지 않았을 거예요."

지금 이 순간 '나에게 어떻게 이런 시련이 올 수 있을까?' 하는 일도 있을 것이다. 하지만 지나고 보면 그 덕분에 내가 다른 길을 선택할 수 있었다고 감사하게 된다. 그녀가 겪은 일들처럼 말이다. 지금 나에게 일어난 사건 그 자체가 중요한 것이 아니라 그 일을 어떻게 바라보느냐가 중요하다.

그녀는 인터뷰에서 이런 말을 했다.

"인생이 그런 것 같아요. 인생에서 벌어지는 모든 사건은 열린 결말(Open-end)이에요. 어떤 일도 벌어질 수 있다면 기왕이면 바라는 방향으로 우리의 마음과 정신을 집중해 보는 게 좋지 않을까요? 100%는 아니더라도 원하는 목표의 근사치까지 도달할 수 있다면 그게 어디에요?"

수술 후 얼마큼 회복이 될 수 있을지 모른다는 의사의 말을 듣고, '시력이 안 돌아오면 앞으로 어떻게 살아가야 하나?'라는 걱정이 엄습했다. 그런데 어머니는 계속 잘될 것이라고 응원해 주었고 용기를 주었다. 그녀는 어머니의 말을 듣고 생각을 바꾸었다.

'시력 회복이 안 될 수도 있고 될 수도 있는데 왜 안 될 것만 걱정하고 있는가? 모든 가능성이 열려 있으니 더 이상 걱정은 말고 치료와 회복에 최선을 다해보자'라고.

모든 가능성이 열려 있다면 미래에 대해 선택을 하는 것은 자신의 몫이다. 어디에 마음을 집중하든 본인의 선택이다. 그녀의 말대로 '되는 것'과 '되지 않는 것'에 모두 가능성이 있다면, 기왕이면 내가 원하는 방향으로 믿고 가는 것이 잘될 가능성을 높이고 행복을 누리는 방법이다.

　인생은 '열린 결말'이기에 희망이 있다. 늘 행복하지만도, 늘 불행하지만도 않다. 삶의 순간순간마다 일어나는 일들을 최대한 긍정적으로 받아들이는 사람이 행복한 사람이다. 지금 이 순간 인생에 어떠한 일이 벌어졌든지 간에, 인생은 늘 열린 결말이라는 것을 잊지 말기 바란다.

4

미셸 판 (Michelle Phan)
– 뷰티 유튜버 & 메이크업 아티스트

남들과 다르다는 걸 절대 부끄러워하지 마라. 그건 너의 정체성이다

○ 학창시절 언제나 왕따였던 그녀,
뷰티 유튜버로 전세계 많은 여성들의 꿈이 되기까지

유튜브는 많은 사람에게 자신의 가능성과 잠재성을 보여줄 수 있는 통로다. 가수 '저스틴 비버'(Justin Bieber)나 '싸이'의 성공도 유튜브가 없었다면 불가능했을 것이다. 이러한 기회의 땅을 처음 개척했던 선구자 격 유튜버들이 있는데, 그 중에서도 뷰티 크리에이터라는 이름을 자랑스럽게 만든 인물이 있다.

그녀는 차세대 뷰티 크리에이터들은 물론 유튜브에서 성공신화를 이루고 싶은 많은 사람에게 선망의 대상이다. 바로 원조 뷰티 유튜버 '미셸 판'(Michelle Phan)이다. 그녀는 2015년 〈포브스〉에서 선정한 가장 영향력 있는 30인 (30세 이하) 아트

스타일 부분에 선정되었으며, 유튜브 광고 수익으로만 매년 수십 억대를 벌었다.

현재는 유튜브를 떠나 자신의 화장품 브랜드 사업만 하고 있지만 여전히 유튜브계의 레전드로 남아있다. 미셸은 유튜버로서 많은 이에게 영감을 주었을 뿐만 아니라, 자신이 남들과 조금 다르다 할지라도 그것을 잘 살려나가 새로운 길을 개척할 수 있다는 것을 보여준 인물이다.

남들과 다른 것은
자신의 가장 큰 무기다

미셸 판은 유튜브 메이크업 튜토리얼 영상의 선구자로 이를 통해 뷰티 분야의 독보적인 팬덤을 구축하였다. 자신의 유튜브 채널에 올리는 동영상 제작과 연출, 편집에 이르기까지 전 과정을 직접 했다. 2006년부터 2016년까지 거의 10년 간 300편이 넘는 영상을 공개하며 서른 살이 되기도 전에 큰 부와 명성을 쌓았다.

남부러울 것이 없어 보이지만 그녀에게는 아픈 가정사가

있다. 미셸은 미국 매사추세츠 주 보스턴에서 태어난 베트남계 미국인이다. 그녀의 부모는 베트남전 이후 폐허가 된 나라를 떠나 단돈 20달러를 손에 쥔 채 미국으로 건너온 난민이었다. 그랬기에 미국에서의 삶은 그리 녹록치 않았다.

미셸은 어릴 적 매사추세츠에서 캘리포니아로, 또 플로리다로 여기저기 이사를 다녀야 했다. 1년에 6번, 많게는 10번씩 이사를 다닐 정도였다. 그녀는 어렸을 때 너무 많이 이사를 다녀서 친구를 제대로 사귀지 못하고, 전학 간 학교에서 혼자 웅크리고 앉아있곤 했다. 심지어 친구들은 그녀를 'Chink'(찢어진 눈을 뜻하는 동양인 비하 발언)라고 부르며 놀려대기도 했다.

아버지는 도박에 빠져 있었고, 어머니가 네일숍에서 일하며 생계를 꾸려 나갔다. 그러던 어느 날 아버지가 갑자기 가족을 떠났다. 이후 미셸의 어머니는 재혼을 하고 여동생도 낳았지만 새아버지와의 관계는 좋지 않았다. 그녀가 고등학교에 들어가서도 이집 저집을 전전하는 생활이 이어졌는데, 온 가족이 단칸방에서 같이 살기도 했다.

그녀에게 있어 유일한 위안거리는 그림 그리는 일이었다. 그 후 얼굴에 그림을 그리는 일, 즉 메이크업을 좋아하게 된 것이다.

미셸의 소셜미디어 콘텐츠를 보고 있으면 '자기만의 세계가 있다'라는 느낌이 든다. 유년시절의 경험 때문인지 아니면 원래 타고난 성향 때문인지, 그녀에게는 남들과는 다른 자신만의 세계가 존재하는 듯하다.

이러한 아티스트적인 기질을 유튜브라는 통로를 통해 잘 발휘한 그녀는 자신의 세계를 인정해 주고 공감해 주는 수많은 사람과 온라인을 통해 만나게 되었다. 더 이상 놀림 당하는 전학생이 아닌 것이다. 그녀에게는 800만 명이 넘는 유튜브 팬들이 있고, 자신의 독창성은 그녀만의 무기가 되었다.

역경 뒤에는 새로운 기회가 있다.
반드시!

대학시절에도 그녀의 삶은 별반 달라질 기미가 보이지 않았다. 무언가를 해서 집안에 보탬이 되어야겠다고 생각한 그녀는 동네 쇼핑몰에 있는 랑콤(Lancome) 메이크업 카운터에 일자리가 있다는 얘기를 듣고 지원했다. 하지만 판매 경험이 전무한 그녀를 뽑아주는 데는 없었다.

"가끔 완전히 바닥에 떨어진 것처럼 절망적일 때가 있죠. 그 때가 당신만이 열 수 있는 새로운 문을 열어야 할 때예요. 내겐 랑콤에서 떨어진 때가 바닥이었어요. 하지만 내 능력을 다른 곳에서 더 크게 쓸 수 있게 한 기회이기도 했죠."

미셸은 랑콤 아르바이트 모집에 떨어진 후, 자신이 할 수 있는 것을 다시 찾기 시작했다. 그리고 2006년 처음으로 자신의 화장법과 뷰티 노하우를 담은 영상을 제작해 유튜브에 올렸다. 자신의 화장법을 남들과 공유하고 싶었기 때문이다. 그런데 첫 동영상을 무려 4만 명이 시청하고 수백 개의 댓글이 달렸다. 너무 신기하고 놀라웠다.

이때부터 유튜브는 미셸의 글로벌 소통 창구가 되었다. 하지만 모든 사람이 그녀의 영상에 긍정적 반응을 보인 것은 아니었다. 대학시절 친구들과 함께 하는 한 파티에서 자신의 영상을 본 몇 명의 여자 아이들이 컨실러를 눈 주위에 이상하게 발랐다며 그녀를 놀려댄 것이다. 그녀는 울면서 그 자리를 뛰쳐나왔다. 그리고 며칠간 집에서 은둔 생활을 하며 영상만 만들었다.

세상은 누군가에게 절망만 안겨주지는 않는가보다. 2009년에 랑콤 뷰티사업부 홍보부문 전 부사장 케리 다이아몬드는 유튜브에 있는 아마추어 뷰티 비디오를 보다가 숨은 진주를 찾아냈다. 바로 미셸 판이었다.

그녀는 로레알(랑콤의 모회사)과 베트남어로 소녀, 연인이라는 뜻을 가진 본인의 브랜드 이엠(Em)을 론칭한다. 하지만 브랜드는 잘 되지 않았다. 너무 고가 전략을 펼친 것이 실패의 원인이었다.

"큰 실수였어요. 내 이름을 딴 제품일수록 철저하게 품질 관리를 해야 했는데 말이죠. 하지만 그 실패를 계기로 또 한 번 성장할 수 있었습니다. 항상 그랬어요. 내가 했던 실수나 실패는 훈장과 같

아요. 상처가 클수록 배우는 것도 크고 확실하죠. 난 항상 실수에
서 배웠어요. 그리고 더 강해졌죠."

그녀가 자신의 첫 브랜드를 내면서 겪었던 일들을 통해
얻은 교훈이었다. 미셸은 현재 양아버지의 생계까지 책임지고
있다.

"때때로 삶이 너무 고단할 수 있습니다. 하지만 저를 보고 용기
를 얻으면 좋겠어요. 자신에게 주어진 운명을 거스르지 말고 받
아들이세요. 환경이 나쁘면 좋게 바꾸면 됩니다. 전 항상 그랬으
니까요."

그녀는 분명 남다른 마인드를 가지고 있다. 이미 밑바닥에
서 큰 성공까지, 고작 20대의 나이에 그 모든 것을 경험해 봐
서인지 그녀의 멘트 하나하나에 성숙함이 묻어 있다. 실패를
해 봤기에 어떻게 성공할 수 있는지 알게 되는 것이다. 뿐만 아
니라 실패를 해봤기 때문에 성공이 더 값진 것이다.

메이크업은
내면의 아름다움을 끌어내는 무기다

사람들은 미셸만의 따라 하기 쉬운 화장법에 열광했다. 특히 할리우드 스타 안젤리나 졸리 스타일의 화장법, 바비인형이나 K팝 스타처럼 보이는 화장법 등의 동영상이 큰 인기를 끌었다. 사람들이 이렇게 열광하는 영상을 만들기 위해 그녀는 자신만의 '외로운 세상'으로 들어갔다. 아니 그녀에게 있어서 혼자가 되는 것은 오히려 많은 사람과 어울리는 것보다 더 편안한 세상이었을지도 모른다.

미셸은 일반적인 사회에서는 잘 어울리지 못하는 조금 독특하고 이상한 사람이다. 숫기도 없고, 자기 혼자 무언가를 즐겨한다. 하지만 그녀가 만들어낸 창작물은 온라인상의 많은 이에게 호평을 받았다. 거물급 뷰티 회사들이 그녀에게 러브콜을 할 정도였다.

요즘 시대에 성덕(성공한 덕후)이라 불리는 사람을 보면 하나같이 자기만의 세상에서 보내는 '자기만의 시간'이 있다. 우리는 대개 은둔형 외톨이라는 말을 나쁜 의미로 써 왔지만, 어딘가에서 혼자만의 시간을 갖는다는 것은 무언가를 생각해 보고 창조할 수 있는 시간을 벌 수 있는 기회이기도 하다. 많은 사람과 함께 어울려 지낼 때는 스스로를 돌아보고 생각하는 시간을 갖기 어렵다. 혼자가 되어야만 제대로 된 자신과의 대화가 가능하다.

성공한 덕후들은 이러한 혼자만의 시간을 잘 사용한 사람들이다. 그리고 이러한 시간 동안 축적해 온 내공을 통해 자신만의 생각과 철학이 있다. 미셸도 화장법을 전하는 뷰티 크리에이터로서, 메이크업에 대한 자신만의 철학을 가지고 있다.

"메이크업은 당신의 외모를 감추는 마스크가 아니에요. 내면으로부터의 아름다움을 끌어내기 위한 무기인 거죠."

그녀가 생각하는 메이크업의 정의는 이렇다. 이러한 깊이 있는 생각은 자신이 혼자 무언가를 만들고, 생각하는 과정에서 온 것이다. 혹시 자신이 혼자 있는 것을 좋아하고, 사회성이 떨어지는 은둔형 인간이라 걱정을 했던 분이 있다면, 이제 안심하길 바란다.

우리에겐 늘 혼자가 되는 시간이 필요하다. 또한 그 시간을 잘 활용하면 성공한 덕후처럼 어마어마한 자신의 재능을 발견할 수 있을 것이다.

5

정예슬
– 패션 브랜드 OiOi 대표 겸 디자이너

하고 싶은 걸 정했다면
꾸준히 마이웨이로 가라

스물 둘, 100만 원으로 시작한 창업!
100억 가까운 매출을 달성한 브랜드를 만들기까지

내 주변에도 어린 나이에 창업을 한 이들이 몇몇 있다. 막 10대 딱지를 떼고 성인이 되자마자 자신이 하고 싶었던 일에 도전하는 것을 보면 대단해 보인다. 그러나 창업은 생각보다 훨씬 어렵다. 사업을 시작해서 초기 3년 이상을 버티는 창업가는 전체 10%도 되지 않는다. 이렇듯 창업이 쉽지 않은 일임에도 시작한지 몇 년 만에 탁월한 성과를 보여주는 이들이 있다.

내가 패션 브랜드 오아이오아이(OiOi)를 알게 된 건, 몇 년 전 한 잡지에서 '정예슬' 대표의 인터뷰 기사를 읽게 된 이후

다. 그녀는 스물두 살이란 어린 나이에 자신의 패션 브랜드를
론칭했다. 창업 자금 100만 원으로 시작해 현재는 100억 원
가까이의 매출을 일으키는 사업으로 성장했다.

학업을 중단하고
새로운 경험을 찾아 떠나다

스무 살 초반, 내 인생을 통째로 결정할 만한 한 분야를 정
한다는 것은 쉬운 일이 아니다. 패션 디자이너인 정예슬 대표
도 잠시 방황하는 시기가 있었다. 대학교 입시 때는 자동차에
빠져 패션 디자인이 아닌 산업 디자인을 전공으로 택했다. 그

런데 입학을 하고 공부를 하다보니 적성이 맞지 않는 것 같았다. 갈팡질팡하다가 1년 만에 휴학을 하고 영국으로 유학을 떠났다. 그 곳에서 폐공장을 개조해 30개 이상의 방으로 만든 '웨어하우스'라는 곳에서 지냈다. 1년 동안 예술을 하는 아티스트, 명품 브랜드 어시스턴트로 일하는 디자이너 등 다양한 분야의 사람들과 소통하고 함께 작업하며 지냈다. 유학 생활 이후 그녀는 패션 디자이너에 대한 꿈이 확고해졌고, 학교라는 타이틀에 대한 고정관념이 깨졌다.

> "학업을 계속하는 것보다 제 디자인을 하고 싶었어요. 패션 디자인이요. 한국으로 돌아와서 처음에는 제가 입고 다닐 것들을 만들었어요. 모자든 의류든 제가 하고 싶은 것들을 디자인하고 사진을 찍어서 블로그에 올렸죠. 생각보다 많은 분이 관심을 가져주셔서 블로그로 한 달 준비하고 온라인 스토어로 론칭을 했어요."

그녀는 1년간의 유학을 마치고 돌아와 바로 자신의 브랜드를 론칭했다. 이름은 오아이오아이(OiOi). '오아이오아이'는 영국 유학 당시 친구들이 부르던 인사말에서 딴 이름이다. 영국 친구들은 '하이'(Hi)보다 '오이'(Oi)라고 인사했다며, '오이'는 80년대 영국 펑크문화 때 사람들이 쓰던 말이라고 한다. 그런 점에 이끌려 그녀는 '오아이오아이'라고 브랜드 이름을 정했다.

처음에는 자신이 입고 싶은 옷들을 디자인했다. 인터넷 쇼핑몰 구축을 도와주는 사이트에서 무료로 홈페이지를 만들고, 가족들이 함께 사는 집을 사무실이라 생각하며 그렇게 사업을 시작했다.

잠시 학업을 중단하고 자신을 찾아 떠날 시간을 가진 것이 지금의 디자이너 정예슬을 있게 한 중요한 터닝 포인트가 되었다. 우리는 인생에서 무언가를 찾고 확인하고 결정할 시간이 필요하다. 대개 변화가 두려워 선뜻 방향 바꾸는 것을 어려워하지만, 그 때를 놓치면 나중에 '아, 그때 시도했어야 하는데' 하고 후회하게 된다.

어린 나이임에도 망설임 없이 행동으로 옮기고 추진하는 정예슬 대표의 결단력과 추진력은 정말 본받을 만하다.

키치하고 재미있고
새로운 것을 찾는다

창업을 한 사람이라면 누구나 자신의 브랜드 이름을 알리

는 데 애를 쓴다. 무엇보다 사람들에게 자신의 브랜드가 어떻게 인식되느냐는 매우 중요한 부분이다. 그리고 이러한 부분을 잘 관리하는 브랜드가 성공하는 것은 당연지사다.

7년간 꾸준히 마이웨이의 길로 브랜드를 이끌어 오고 있는 정예슬 대표의 '오아이오아이'도 예외는 아니다. 그녀는 누구나 부러워하는 젊은 사장님이지만, 더 넓은 세상에 '오아이오아이'만의 철학이 담긴 브랜드 이름을 알리기 위해 아직도 쉼 없이 달리고 있다.

"오아이오아이는 매 시즌 새로운 컨셉의 컬렉션을 재미있고 위트 있게 풀어나가고 있으며, 많은 이의 소유욕을 자극하는 디자인을 하는 것이 목표입니다."

정 대표는 한 인터뷰에서 자신의 브랜드의 정체성은 키치하고, 재미있고, 늘 새로움, 이 세 가지에 있다고 말했다. 그리고 그 키치하고 재미있음은 자신이 나이를 먹음에 따라 그 나이에 맞게끔 변화하고 있다.

그녀는 지금까지 고유한 브랜드 철학을 너무나 잘 고수하고 있는 디자이너 중 한 명이다. 그녀가 브랜드를 론칭하고 지금껏 방향을 잃지 않고, 계속해서 성장하고 있는 이유는 여기에 있다고 본다. 변하지 않는 브랜드의 고유한 색채를 유지하는 일. 그랬기에 지금껏 그녀의 브랜드를 사랑해 준 사람들이 지속적으로 함께 하고 있는 것 아닐까?

브랜드의 고유한 철학은 유지하되 매 시즌 새로운 컨셉으로 재미있고, 위트있는 제품들을 선보인다는 것이 쉬운 일은 아닐 것이다. 하지만 그녀는 7년간 이 일을 잘해 왔다. 현재 오아이오아이는 국내뿐만 아니라 중국, 홍콩, 일본 그리고 유럽 시장까지 진출해 좋은 반응을 얻고 있다.

더 큰 꿈, 그리고
내 안에 확고한 믿음을 가져라

2016년 '오아이오아이'는 온라인 쇼핑몰의 인기를 힘입어 탑샵(Topshop) 입점에 성공했다. 영국에서 시작한 탑샵은 젊은 이에게 인기 있는 다국적 의류 브랜드다. 이곳에 입점했다는 것은 유럽의 유수한 브랜드들과 어깨를 나란히 하고 있다는 증거이며, 더 많은 사람에게 브랜드를 알릴 수 있는 좋은 기회이기도 하다. 이렇게 좋은 기회를 얻게 된 정 대표는 자신의 브랜드를 포지셔닝 하기 위한 나름의 확고한 시나리오가 있다.

> "유럽 패션 시장은 고가의 명품과 저가 스파(SPA)로 양분돼 있어요. 명품 살 돈이 없으면 저렴한 스파 브랜드 옷을 택하는 구조입니다. 디자이너 이름을 건 의류를 명품보다 합리적인 가격에 전하면 새로운 수요를 만들 수 있죠. 온라인 플랫폼에서 신생 브랜드를 만들어가는 한국 디자이너들이 주시할 부분입니다."

그렇다. 글로벌 시장을 공략할 전략으로 명품과 스파 브랜드 사이의 틈새를 공략해 젊은 층에게 'K패션 디자이너'의 브랜드를 알리겠다는 얘기다. 유럽에서 의미 있는 성과를 거두고

싶다고 전한 정 대표의 말에서 강한 의지를 엿볼 수 있었다. 국
내에서는 지속적으로 오프라인 숍을 늘리고, 백화점에 입점하
려는 장기적인 계획도 갖고 있다. 하지만 절대 변하지 않는 것
은 직접 디자인한 자신의 브랜드 옷을 판매한다는 방침이다.
이렇듯 정예슬 대표는 계속해서 자신의 브랜드를 성장시킬 큰
그림을 그려나가고 있다.

한 인터뷰에서 "정 대표님이 성공한 이유가 무엇이라고 생
각하십니까?" 하고 질문하자 "저는 운이 좋은 케이스입니다"
라고 말하며, "하지만 운도 실력 아닐까요?"라고 덧붙였다.

무엇이든 자신이 좋아하는 일을 열심히 한다고 해서
100% 좋은 결과가 있으리라 확신할 수는 없다. 하지만 혼자
서 일찍 사업을 시작한 정예슬 대표를 보면 성공한 이유가 보
인다. 무엇을 하든지 확고한 믿음을 가진다는 것, 자신의 브랜
드를 어떤 고객들이 사야할지 스스로 정확히 파악하고 있다는
것, 이 두 가지가 그녀의 브랜드가 성장 궤도에 오른 가장 핵심
적인 이유라 할 수 있다.

자신이 흔들리면 모든 것이 흔들린다. 그녀의 말대로 "하고
싶은 걸 정했다면 꾸준히 마이웨이의 길로 가는 것"이 답이다.

6

마리안 캔트웰 (Marianne cantwell)
– 라이프 컨설턴트, 《나는 나에게 월급을 준다》 저자

퇴사하고 싶은가?
인생의 시범 프로젝트를 만들어 보라

한 번 뿐인 인생 더 멋지게 살기 위한
시범 프로젝트의 모든 것

"나는 지난 1년 동안 영국, 미국, 발리, 라오스, 캄보디아, 말레이시아, 이탈리아, 태국, 홍콩, 호주를 여행했고, 그곳에서도 사업을 했다. 이 책은 총 다섯 개 국가를 다니면서 썼다."

혹시 이 문구에 설레는 사람이 있다면, 나와 비슷한 부류의 사람이라 할 수 있다. 가끔 '어쩜 이렇게 나와 비슷한 생각을 하고 있는 사람이 있을까' 하고 놀랄 때가 있는데, 책을 통해 알게 된 '마리안 캔트웰'이 그 대표적인 인물이다.

《나는 나에게 월급을 준다 (The Free-Range Huma)》의 저자인 그녀는 TED 및 다양한 강연을 통해 자신이 원하는 삶을 세

상과 타협하지 않고 살 수 있는 방법을 찾도록 도와주는 컨설턴트이기도 하다. 그녀는 1년 동안 여러 나라를 돌아다니며 비즈니스 및 강연을 하고, 다양한 고객을 만나며 진정한 디지털 노마드로서의 삶을 살아가고 있다.

마리안은 TED 강연에서 자신은 세상이 만들어 놓은 규격에 잘 맞지 않는 사람이라서, 자신만의 아일랜드(Island)를 만들었다고 했다. 여기서 자신의 아일랜드라는 것은 기존에 있는 회사가 아닌, 내 스스로 수익을 창출하기 위한 비즈니스를 만들었다는 의미다.

우리는 대개 어떠한 학교나 조직, 회사에 맞는 사람이 되기 위해 끊임없이 노력하며 살고 있다. 그러한 삶이 맞지 않은 이들도 있을 텐데 말이다. 심지어 자신이 거기에 부합하지 않는 사람이라면 자신만 낙오된 것 같은 기분이 들고 세상이 날 버린 것 같은 느낌을 받기도 한다.

하지만 이 세상에는 생각보다 이미 만들어 놓은 틀에 전혀 맞지 않는 사람이 많다. 거기에 맞추려고 하면 할수록 자신의 빛을 잃어가는 사람들 말이다. 그런 사람에게 '별 수 있나. 남들처럼 그냥 맞춰서 살아가야지!'라는 누군가의 조언은 독이나 다름없다.

이러한 부류에 속하는 이가 있다면 스스로 자괴감을 갖지 않기를 바란다. 그녀처럼 자신만의 섬을 직접 만드는 방법을 찾으면 된다. 나 또한 그러한 삶을 살아가고 있지만, 인생은 원래부터 불안정하다는 것을 받아들이면 좀 더 나 자신이 원하는 삶을 살아갈 수 있다.

그녀는 스스로를 '자유 방목형 인간'이라 소개한다. 홈페이지 www.free-range-humans.com에 들어가보면 그녀에 대해 좀 더 자세히 알 수 있다. 그가 말하는 '자유 방목형 인간'이란 자신이 즐겁게 할 수 있는 일을 하면서 수익을 창출하고, 그 과정에서 자신이 원하는 라이프 스타일까지 꾸려 나가는 사람을 뜻한다.

완벽한 때는 없다.
오늘 지금 당장 시작해야 한다

마리안이 스무 살 때 어머니가 암으로 돌아가셨다. 그녀는 준비되지 않은 이별을 겪으면서, 인생이 짧다는 것을 뼈저리게 느꼈다고 한다. 그리고는 자신의 랩탑에 이런 글귀를 붙여 놓

았다. "인생은 한 번이야, 딱 한 번이라고. 제발!" 그녀는 이 문구를 매일 아침 보면서 의미를 되새긴다고 한다. 말 그대로 욜로(YOLO), '우리 인생은 한 번 뿐'이라는 것을 되새겼다.

이 말은 이중적으로 바라볼 수 있는 여지가 있다. '언젠가는 다 죽는데, 그렇게 열심히 살 필요가 있어?'라고 생각할 수도 있고, '그래 인생은 정말 한 번 뿐이잖아. 그러니까 어떻게든 원하는 대로, 가장 멋지게 살아봐야 해'라고 생각할 수도 있다. 어떻게 생각할지 본인의 선택이지만 나는 여러분 모두 후자처럼 생각하기를 바란다.

"때가 되면이라고들 말하지만 그 때는 절대 오지 않아요. 다들 자기가 너무 늙거나 너무 젊거나 너무 가난하거나 너무 힘들거나

너무 외롭다고 생각해요. 그리고 다들 너무 바쁘다고 생각하죠. 자신이 생각하는 완벽한 시간이나 나이, 상황은 오지 않아요. 그리고 두 번째 기회도 없죠. 때를 기다리지 말고 기회를 잡아야 해요. 그 기회는 오늘 당장 시작하는 것이에요."

나는 그녀의 생각에 완전 공감한다. 무언가 마음속에 품은 것은 한 가득인데 어느 것 하나 행동에 옮기지 못하는 사람들이 있다. 그들은 평생 자신이 원하는 것을 꿈만 꿨지 제대로 이루지 못한다. 계속 미루고 지금 행동하지 않으면 아무것도 이룰 수가 없다. 지금 시작하고 지금 나아가야 한다.

행동하기 어려운 이유 중 하나는 실패에 대한 두려움일 것이다. 대개 사람들은 행동하기에 앞서 '내가 무언가를 시도해서 지금보다 나빠지면 어쩌지'라는 걱정을 한다. 그렇기에 첫 발을 떼기가 어려운 것이다. 이러한 두려움을 극복하는 변화의 방법으로, 마리안은 위험 부담이 덜한 시범 프로젝트를 제안한다.

인생의
시범 프로젝트를 만들어라

"자유 방목형 직업이란 처음 꿈에서부터 시작하여 몇 개의 시범
프로젝트를 거치다 어느새 지금 있는 곳에서, 원하는 곳으로 가
있게 되는 것이에요."

그녀는 자신이 얘기한 자유 방목형 직업에 대해서 이렇게
설명하고 있다. 그러면서 그러한 삶을 살아가고 있는 많은 사
례를 보여주는데, 특히 그녀가 소개한 '멜리사 모건'의 이야기
는 자신의 일을 시작하고자 하는 이들에게 큰 영감을 줄 것이
라 생각한다.

멜리사는 원래 하고 있던 교육업계의 일을 그만두고 '미즈 컵케이크'라는 채식 컵케이크 브랜드를 개발했다. 그녀는 이 사업을 시작하기 전에 많은 고민을 했다. 자신이 요리 분야를 공부한 파티셰도 아니고, 사업 경험도 전무했기 때문이다. 더욱이 전국적인 브랜드로 키울 만한 투자금이나 저축한 자금도 없었다.

그래서 처음 시작했던 일은 회사에서 특별한 행사가 있거나 모임, 기념일 등의 이벤트가 있거나, 지인의 생일 파티가 있으면 무조건 미즈 컵케이크라는 이름이 새겨진 앞치마를 두르고, 자신이 만든 컵케이크를 들고 찾아가는 것이었다. 그렇게 회사를 알리고, 주변 사람들에게 피드백을 받아 레시피를 개발하면서 자신이 원하는 맛을 찾아냈다고 한다.

많은 사람이 원하는 삶을 꿈꾸다가도 '에이, 그게 가능하겠어?'라는 내면의 사악한 악마에게 지고 만다. 이런 사람들을 위해 마리안은 원하는 삶으로 가는 쉬운 방법을 전한다. 일명 '시범 프로젝트 만들기'다. 이는 내가 자주 써온 '인생의 임상 실험'과 비슷한 맥락이다.

무언가 해보고 싶은 것이 있고, 그것의 시장 가능성을 테스트해 보고 싶다면 일단 작게라도 시도해 봐야 한다. 처음 단계에서는 절대 많은 돈을 들여서는 안 된다. 그리고 정말 확신이 없다면 퇴사하면 안 된다. (물론 인간은 궁지에 몰리면 더 열심히 하는 성향이 있기에 좀 더 도전적으로 올인하려면 말리지는 않겠다. 다만 그건 확신이 섰을 때 얘기다.) 퇴근 후의 시간이나 주말 시간을 활용하면서 천천히 준비해도 충분하다.

퇴근을 한 뒤 저녁에 10명 정도를 모아서 샘플 강의를 해 보든, 주변 지인에게 자신이 팔고 싶은 물건이나 서비스를 테스트해 보든 피드백을 받는 과정을 반드시 거쳐야 한다. 중요한 것은 처음 반응이 좋지 않다고 해서 지치거나 포기하면 안 된다. 정말 하고 싶은 일이라면 몇 번의 시행착오를 거쳐서라도 수정하여 발전시켜 나가야 한다. 또 처음 반응이 좋다고 하여 철저히 준비하지도 않은 채 일을 크게 벌여서도 안 된다. 꼼꼼하게 체크하고 준비해야 한다.

나 또한 이러한 '시범 프로젝트' 경험이 여러 번 있다. 패션과 관련된 일을 하고 싶다는 생각을 가지고 있었는데, 직접 가방 디자인을 하고 새로운 브랜드를 론칭할 수 있는 기회가 생겼다. 개인사업자를 내고, 사진작가를 섭외해 제품 사진도 찍고, 내가 모델로서 촬영도 하고, 홈페이지를 만드는 등 열심히 준비했다. 그런데 제품을 출시하고 몇 개월 뒤, 이 일을 지속할 수 없게 되었다. 이 일은 내가 하고자 하는 다른 일들과 병행할 수가 없었고, 이 일에만 올인하자니 그만한 의지와 열정이 생기지 않았던 것이다.

나는 이 일로 또 한 가지 새로운 것을 배웠다. 독자적인 브랜드를 만드는 것은 정말 쉬운 일이 아니라는 것, 다른 일과 병행하면서 할 수 있는 일이 아니라는 것이다. 물론 나처럼 무대뽀 정신으로 6개월 동안 집중해서 어떤 일을 해 보는 것도 나쁘진 않다. 지속해서 할 수 없을지라도 말이다.

하지만 지속해서 계속 할 것이라면 먼저 최소한 어느 정도의 고객을 확보할 수 있는지 등의 밑그림이 그려진 다음에 확신이 서면 그 때 일을 추진해야 한다. 이러한 과정이 시간이 좀 걸린다 하더라도, 안정적으로 갈 수 있는 방법이다.

퇴근 후나 주말 시간을 활용하여 1~2년쯤 안정적으로 시범 테스트를 해보는 거다. 몇 번의 시행착오를 거치면 윤곽이 보일 것이다. 이것이 정말 나와 맞는 일인지 아닌지, 맞는 일이라면 어떻게 하면 잘할 수 있을지 말이다.

혹시 이러한 시범 프로젝트를 하는 데 있어 남의 시선이 신경 쓰인다면, 남들이 내가 하고 있는 일이나 시도에 대해 어떻게 생각할지 고민되고 망설여진다면, 이것은 아직 당신이 그리 절박하지 않다는 것을 의미한다. '더 이상 이대로는 안되겠어. 내가 원하는 대로 살고 싶어'라고 마음먹게 되면 그러한 시선쯤은 가볍게 무시할 수 있게 된다.

자신이 원하는 사업을 한번 해보고 싶다면, 투자를 받거나 판을 키우기 전에 자유 방목형 인간 스타일로 시범 프로젝트를 만들어 보기 바란다. 지속할지 말지에 대한 결정을 내릴 수 있을 것이다.

처음부터 전문가인 사람은 없다.
뛰면서 성장하는 것이다

사람들이 새로운 일을 시작하려고 할 때 대개 이러한 이유로 망설이게 된다. '내가 그 일을 할 만한 자격이 있을까?' 도대체 여기서 말하는 자격이란 뭘까? 미즈 컵케이크 멜리사 모건도 처음에는 자신이 음식을 팔기 위해 어떤 자격증이나 기준이 필요하지 않을까에 대한 고민을 했다.

하지만 모든 일에 있어 처음부터 어떠한 자격을 얻고 그 일을 시작하는 사람은 많지 않다. 우리가 공인된 몇 가지 자격증을 요구하는 일을 제외하고 '전문가'라는 타이틀은 그 분야에서 3년, 5년 그리고 10년 동안 그 일을 지속하며 어떠한 결과물을 만들어 냈을 때, 그것에 대한 사람들의 인정과 수요가 생겨날 때 자연히 만들어지는 것이다.

TV에 나오는 특정 분야의 전문가들도 처음부터 전문가는 아니었다. 의사 자격증, 변호사 자격증, 요리사 자격증, 파티셰 자격증 등 이 모든 자격증이 가진 의미는 그저 특정 기준치를 넘겼다는 것이다. 의사와 변호사와는 달리 요리사에게 꼭 자격증이 필요한 것은 아니다. 한 레스토랑에서 많은 단골이 그 요리사의 음식을 사랑하고 자주 찾아온다면 이미 그 요리사는 그것으로서 자격을 인정받은 것이나 다름없다. 어떠한 증서보다는 '사람들의 인지' 속에 내가 그 분야에서 일하는 사람이라는 것을 인정받는 것이다. 이것이 중요할 뿐이다. 모든 분야의 전문가는 실전에서 뛰면서 성장하는 것이다.

5

새로운
나를 만들려면
어떻게 해야
할까?

1

이미 원하는 것을 이뤘다고 상상하라

마음에 무엇을 품고 무엇을 믿든
몸이 그것을 현실로 이룬다.

_ 나폴레온 힐 (미국 작가, 강연가)

뷰티 유튜버이자 메이크업 아티스트인 이사배 씨는 한 인터뷰에서 자신의 일에 대해 이렇게 말했다.

"안 될 거라는 생각은 안했어요. 저는 제가 하는 일에 있어서는 언제나 자신 있었고 재미있게 일했기 때문에 당연히 제가 잘될 거라고 생각하면서 지냈어요. 언제나 가장 중요한 것은 자신감을 갖고 나 자신을 믿는 일인 것 같아요."

자기 믿음의 위력은 우리가 상상하는 것 이상이다. 자기 믿음은 한 사람의 인생을 바꾼다.

우리는 어떠한 일을 시작하는 데 앞서 일어나지도 않을 일을 걱정하고 실패를 두려워하면서 시도하는 것을 망설이곤 한다. 어떤 일이 성사될 가능성이 반반이라고 생각된다면 이는 실패할 가능성이 높다. 이미 스스로 실패를 상상했다는 말은 실패의 가능성에 문을 열어 주었다는 의미이기 때문이다.

그 일을 정말로 원한다면 실패했을 때의 일은 생각하지 말아야 한다. 그러한 생각과 걱정을 하느라 행동해야 할 시간을 빼앗겨서는 안 된다. 나 자신을 믿고 나아가야 한다. 그래야 성공할 수 있다.

그렇다면 어떻게 해야 온전히 나 자신을 믿을 수 있을까? 어떻게 하면 두려워하지 않고 자신 있게 담대히 나아갈 수 있을까?

원하는 것을 이룬 모습을
상상하라

세계적인 성공학 연구자인 나폴레온 힐은《생각하라 그러면 부자가 되리라(Think and Grow Rich)》라는 저서에서 성공의 법칙에 대해 이런 이야기를 했다.

"책의 모든 내용을 아우를 수 있는 성공학이란 무엇인가? 한 마디로 압축하자면 그건 바로 '상상력'이다. 상상은 사용할수록 개발되고 확장된다. 이것이 사실이 아니라면 이 저술도 불가능했을 것이다. 결국 이 책도 앤드류 카네기와의 취재 중 그가 우연히 던진 한 마디에서 내가 얻은 영감으로부터 비롯된 상상의 산물이기 때문이다."

힐은 어린 시절부터 언론사 기자로 일을 하다가 스물다섯 살 즈음, 당대 최고의 부호인 철강왕 앤드류 카네기(Andrew Carnegie)를 인터뷰하는 행운을 갖게 된다. 그리고 그와의 인터뷰 중 나눈 이야기 속에서 힌트를 얻어《생각하라 그러면 부자가 되리라》를 저술하게 되었다.

"여러분이 어디에 있고 어떤 사람이고 어떤 직업에 종사하든 상상력의 개발과 사용을 통해 더 생산적인 방법으로 자신이 원하는 모습에 다가갈 수 있다."

이미 많은 자기계발서와 성공학 저서에서 귀에 딱지가 앉도록 들은 말 중 하나다. 하지만 이상하게도 어떤 면에선 이 말이 의심스럽다. "무조건 믿기만 하면 이루어진다고? 그럼 이루지 못할 사람이 어디 있어?" 충분히 이런 반문을 할 수 있다. 나 또한 그랬기 때문이다.

그런데 이 말에 빠진 것이 하나 있다. '내가 원하는 것을 이미 얻었다고 상상하는 것.' 그래, 그렇게 믿는 것은 좋다. 그런데 믿기만 하면 안 된다. 거기에 걸맞은 행동이 따라야 한다. 우리 뇌는 참으로 똑똑해서 스스로 납득이 가고, 인정할 수 있는 일에만 믿음이 생긴다. 그래서 만약 자신이 무언가에 게을리 했다고 느끼면, 그 일이 이루어지지 않을 것이라 생각하게 되고 성공할 가능성도 희박해지는 것이다. 스스로 자신이 게을리 했다는 것을 알고 이를 받을 자격이 없다는 것을 무의식적으로 뇌에 메시지를 보내는 것이다.

물론 꼭 열심히 해야만 무언가를 얻을 수 있다는 생각의 논리를 깨버릴 수만 있다면, 이는 더 이상 적용되지 않을 수는 있다. 다만 사람들은 모두 '뿌린 대로 거둔다'는 진리를 알고 있기에 정당한 대가를 치러야 무언가를 얻을 자격이 생긴다는 것을 알고 있다.

그렇기에 내가 꿈꾸는 삶을 상상하고 그대로 몇 년 뒤에 이루어지리라 믿고 싶다면 그것을 위한 합당한 행동을 지금 해야 한다. 지금 당장 무엇을 해야 할지 모를지라도 이러한 상상을 지속하다보면 내가 어떠한 행동을 취해야 하는지 떠오르는 순간이 올 것이다. 우리는 늘 우리에게 필요한 정보들을 뇌 속에 입력하기 때문이다. 이러한 믿음을 과학적으로 증명할 만한 근거가 있다.

믿으면 그것을 사실이라고
증명하는 삶을 살게 된다

나폴레온 힐이 얘기했던 "마음에 무엇을 품고 무엇을 믿든 몸이 그것을 현실로 이룬다"는 말은 정말 현실에서 증명 가능할까? 아니면 그저 성공한 사람들이 하는 말에 불과한 것일까? 그가 살았던 시절에는 이를 증명할 방법이 없었다. 하지만 지금은 이 말에 근거가 있다는 것을 뇌 과학을 통해서 입증한 바 있다.

이를 설명하기 위해서는 망상 활성계(Reticular Activating System)에 대한 언급을 해야 한다. 망상 활성계(RAS)란 뇌 속에 그물처럼 퍼져 있는 '그물 구성체'인데, 척수를 타고 올라오는 감각정보를 취사선택해 대뇌피질로 보내는 신경망을 말한다. 망상 활성계는 일종의 게이트키퍼와 같은 역할을 한다. 우리의 감각기관(눈, 코, 입, 귀, 피부 등)으로 입력되는 거의 모든 정보가 이

망상 활성계를 거쳐 뇌로 들어가는데, 여기서 내가 필요한 정보는 입력하고 나머지 정보는 버리게 된다. 이 과정에서 내가 믿을 것과 믿지 않을 것, 볼 것과 보지 않을 것, 들을 것과 듣지 않을 것들을 결정하게 되는 것이다.

우리는 하루에도 수만 가지 정보에 노출된다. 그 과정에서 망상 활성계는 여과장치 기능을 해준다. 그런데 이 여과장치의 기준이 우리의 믿음이라는 것이다.

같은 사물이나 사건을 보아도 사람마다 부여하는 의미가 다르다. 하루 종일 열심히 일해야 돈을 벌 수 있다고 믿는 사람은 그러한 믿음을 확인할 수 있고, 도움되는 정보만을 뇌 속에 입력한다. 그리고 나아가 그 사실을 증명하는 삶을 살게 된다. 즉 내 믿음을 사실이라고 증명하는 삶을 살게 된다는 것이다. 이렇게 믿음이라는 것은 한 사람의 인생을 좌우할 만큼 강한 것이다.

이해를 돕기 위해 조금 더 예를 들어 보겠다. 망상 활성계가 여과기로서의 역할을 한다는 것은 현실에서 쉽게 확인할 수 있다. 내가 만약 어떠한 가방이나 어떠한 차(car)를 가지고 싶다고 마음먹게 되면, 길거리에 그 가방을 들고 다니거나 그 차를 몰고 다니는 사람들만 보이게 된다. 갑자기 그런 차를 타거나 그 가방을 들고 다니는 사람의 수가 많아진 것도 아닌데 말이다. 우리의 뇌는 우리가 무엇인가 몰두하는 것을 선별해서 바라보게 만드는 능력이 있다. 믿음도 그러한 식으로 우리의 뇌에 작용하는 것이다. 이는 우리의 행동에도 영향을 미치게 된다.

TIP

자신에 대한
믿음을 강화시켜 줄 실전 팁

▷ 나를 위한 확언 문구 만들기

'확언의 힘'에 관해서는 이미 많은 책에서 다루었다. 특히 할
엘로드(Hal Elrod) 외 2인의 공저인 《미라클 모닝》에서는 매일
아침 같은 말을 반복하는 것의 힘에 대해 이야기를 하는데, 일
종의 잠재의식을 움직이는 '자기암시'와도 같은 일이다.

가령 '나는 내가 원하는 대로 된다' 혹은 '모든 면에서 나는 나
날이 점점 좋아지고 있다' 등 자신을 고양시키는 어떤 메시지
를 특정한 시간에 매일 반복하면 잠재의식은 그것을 믿게 되
고, 그 메시지가 이미 현실이 된 것처럼 느껴지는 내재화 단계
를 거치게 될 것이다. 나폴레온 힐은 자신의 책에서 이를 활용
할 수 있는 방법을 더 구체적으로 제시했다.

첫째, 밤에 잠들기 전에 당신이 쓴 암시의 말을 소리 내어 읽
　　는다.

둘째, 암시의 말이 마음속에서 완전히 당신의 것으로 될 때까
　　지 아침, 저녁으로 반복하여 읽는다.

셋째, 벽이나 천장, 화장실, 책상 등 눈에 잘 띄는 곳에 암시의
　　말을 붙여두고 항상 자극한다.

조금 유치한 행위라 생각할 수도 있다. 하지만 사람은 쉽게 변
하지 않는다. 나이가 많을수록 자신이 믿는 생각을 바꾸는 것
이 쉽지 않다. 돈에 대해, 인생에 대해, 그리고 꿈에 대해, 이미
결정지어 놓은 자신의 가치관이 더 나은 방향으로 바뀌려면 반
드시 잠재적 목소리를 변화시킬 필요가 있다.

그렇다면 나만의 확언 문구를 만들어 보자.

나의 예)

'나는 유튜브를 통해 많은 사람에게 긍정적 에너지를 주고, 삶의
좋은 영향력을 미치는 사람이 된다.'

'전 세계를 돌아다니며 여유로운 삶을 살고 내 삶은 나날이 윤택
해진다.'

'내 주변엔 활기가 넘치고 열정이 가득한 사람들로 넘쳐난다.'

당신의 과제)

_____

_____

_____

_____

_____

중요한 것은 반복적으로 자신에게 암시하는 것이다. 그냥 써두고 한 번도 읽지 않는다면, 당신의 삶은 그리고 당신의 생각은 그 자리에 머물러 있을 것이다. 다시 한 번 더 강조하지만 같은 시간에 이 문구를 의식적으로 매일 반복한다면, 여러분의 삶에는 분명히 큰 변화가 있을 것이다.

▷ 나를 믿어주는 사람들과 함께 하기

피카소(Picasso)는 "상상할 수 있다면, 그것은 이미 현실이다"라고 말했다.

누군가 나를 믿어주고, 현재의 나보다 나 자신을 높게 평가해

준다면 거기에 부응하고 싶은 욕구가 생긴다. 그렇기에 내 주
변에 나를 지지하고 믿어주는 사람이 있다는 것은 나를 발전시
킬 수 있는 큰 재산을 갖고 있는 것과 같다.

자신을 믿어주는 사람에 의해 크게 성장한 사례가 많다. 그 중
한 예가 피카소다.

피카소의 어머니는 아주 활기차고 수완 있는 분으로 어려운 형
편에도 가정을 잘 꾸려나가며, 무엇보다 아들에게 늘 사랑이
넘치는 응원의 말을 아끼지 않았다. 어머니의 믿음과 응원에
힘입어 피카소는 자신에 대한 믿음이 높아졌다. 그리고 어머니
의 믿음에 대한 답례로 힘써 노력하고 더 나은 자신이 되기 위
해 최선을 다했다.

> "내가 어릴 적에 어머니는 나에게 말했다. '만일 네가 군인이었다
> 면 장군이 되었을 것이고, 성직자였다면 교황이 되었을 것이다.'
> 나는 화가가 되었다. 그리고 피카소가 되었다."

그는 그렇게 피카소가 되었고, 우리에게 하나의 전설이자 고유
명사가 되었다. 그의 이러한 믿음은 분명 자신을 믿어주는 어
머니를 통해 길러졌다는 것엔 의심할 여지가 없다.

그렇다면 지금 자신을 믿어줄 만한 주변 사람들을 생각해 보자. 그리고 그들이 가족이 아니라면 정기적인 모임을 만들어 서로를 응원하는 시간을 가져 보자. 자기 믿음을 강화하는 데 많은 에너지를 얻을 수 있을 것이다.

2

나를 표현할
세 가지 키워드를 찾아라

삶은 자신을 발견하는 과정이 아니라,
자신을 창조하는 과정이다.

_ 조지 버나드 쇼 (아일랜드 극작가, 소설가)

우리는 한번쯤 자신을 표현할 만한 단어가 무엇인
지에 대해 깊이 생각할 시간을 갖게 된다. 특히 '자기소개서'를
쓰는 수험생이나 취업 준비생에게는 굉장히 중요한 과업이다.

나라는 존재를 제대로 정의해 본 적이 없는데, '나를 표현
할 수 있는 단어와 그 이유를 말해보라'니 그저 난감하기만 하
다. 하지만 어떻게든 쥐어 짜내야 한다. 가끔 이름 석 자로 삼행
시도 지어 본다. 이러한 산고(産苦)가 아닌 창조의 고통을 겪고
나면, 문득 자신에 대해 한번 더 생각해 보는 시간을 갖게 된다.

정말로 나를 표현할 수 있는 단어는 뭘까? 그것을 어떻게
찾아야 할까? 누군가 나라는 사람을 검색창에서 찾는다면, 어

떠한 연관 검색어가 나올까? 지금부터 나를 표현할 수 있는 키 워드로 스스로를 브랜딩하는 작업을 해보도록 하자.

브랜드는 질이 아닌
인식의 싸움이다

나는 매일 스타벅스에 간다. 웬만해서는 다른 커피숍을 찾지 않는다. 커피 맛 때문이 아니다. 커피숍의 본질은 커피를 마시는 곳이지만, 내가 스타벅스에 가는 것은 커피를 마시기 위해서라기 보다는 분위기와 편안함 등 다른 무언가를 얻기 위해서다.

이러한 현상은 카페에서만 볼 수 있는 것은 아니다. 이제 제품이나 서비스의 질은 거의 상향평준화가 되어 버렸다. 정말 맛없거나 특별한 문제가 있지 않는 한, 그 브랜드의 운명을 결정하는 것은 브랜드에 대한 고객의 '인지적 차이'다.

이는 각 분야의 사람들에게도 적용할 수 있다. 세상에는 많은 영어 선생님이 있고, 변호사가 있지만 그 중 특출나게 인기가 있고 유명한 사람이 있다. 그들이 특히 인기가 많다는 것은 그저 그들의 능력이 뛰어나기 때문만은 아니다. 그들의 성격, 말투, 인품, 재치, 풍기는 이미지 등 다양한 것들이 작용해서 한 사람에 대한 인식을 만들어낸 것이다.

실력이 좋아도 이미지가 나쁜 사람이 있고 실력은 보통이지만 이미지가 좋은 사람이 있다. 실력도 중요하지만 그에 못지 않게 중요한 것은 '어떤 인식을 갖게 하는가'다.

개인을 하나의 브랜드라고 가정했을 때, 우리는 각기 다른 독창적인 콘셉트(개념)를 보여줘야 하는데, 1부에서 소개한 '요가하는 재테크 강사' 윤지경 대표나 PPT계의 여신이라 불리는 '친절한 혜강씨'는 그런 의미에서 자신들의 컨셉을 잘 잡은 좋은 예라 할 수 있다.

윤지경 대표의 키워드는 BODY(바디), MONEY(재테크), WOMAN (여성), 그래서 BMW다. 이렇게 자신을 몇 가지 키워드로 정의한다면 타인이 나를 인식하기도 매우 쉬워질 뿐더러, 자신이 원하는 이미지를 본인 스스로 선점할 수 있는 이점도 있다.

해시태그(#)로 걸 수 있을 만한
나의 키워드를 찾아야 한다

우리는 매일 검색을 한다. 그것이 네이버든, 구글이든, 유튜브든 무언가 궁금한 것을 찾기 위해서 하루에 적게는 서너 번, 많게는 수십 번씩 검색창을 이용한다. 아침에 눈을 뜰 때부터 밤에 잠들기 전까지, 휴대폰은 우리의 호기심과 궁금증, 그리고 필요한 정보를 채워준다. 물론 쓸데없는 것들을 검색하느라 시간을 버리는 경우도 허다하지만 말이다.

혹시 이런 생각을 해본 적 있는가? 자신의 이름을 검색했을 때 어떤 단어가 연관 검색어로 뜨기를 바라는가? 자신의 이름과 같이 검색되는 연관 검색어를 생각해 본다는 것은 자신을 파악하는 데 큰 도움이 된다. 누군가 이름이 '김지영'인 사람이 있다면, 그 사람은 '82년생 김지영'에게 자신의 이름을 내어주어야 한다. 그만큼 어떤 키워드를 선점할 수 있다는 것은 자신을 브랜드화하는 데 매우 중요한 작업이다.

사람들이 저마다 검색하는 이유가 다르겠지만, 기본적으로는 자신에게 필요한 것을 찾기 위해서다. 그렇다면 나에게

누군가의 필요를 채워 줄 어떠한 요소를 가지고 있는 것이 무
엇이 있을까? 이를 생각하다 보면 나 자신을 표현할 만한 키워
드를 찾을 수 있는 경우가 생긴다.

난 아나운서로 일을 하고 있다. 정확히 말하면 프리랜서
아나운서인데, 현재 블로그와 유튜브 운영도 하고 있다. 특히
유튜브에 영상 콘텐츠를 만들기 시작하면서 '검색 키워드'에
대한 관심이 더 많아졌다.

나의 대다수의 글과 영상에는 #아나운서 #프리랜서아나운
서라는 해시태그가 붙는다. 그저 #아나운서 #프리랜서아나운
서라는 키워드만으로 나를 찾는 것은 쉬운 일이 아니다. 세상
에 나 말고 아나운서를 업으로 삼고 있는 사람은 너무도 많기
때문이다.

그런데 내 영상들 중 많은 아나운서 지망생이 좋아해 준
#아나운서되는법을 치면 내가 검색되는 경우가 많다. 블로그
글과 유튜브 영상 조회수가 3만 뷰를 넘었기 때문이다.

물론 이러한 콘텐츠 제목 자체가 나를 표현하는 키워드는
될 수 없다. 다만 나를 노출시키는 하나의 연관 검색어는 될 수
있다. 우리는 매일 다양한 SNS를 이용하고 있다. 블로그는 물
론 유튜브, 페이스북, 인스타그램 등 이 모든 소셜미디어를 사

용할 때 해시태그(#)도 함께 덧붙인다.

해시태크의 정의는 '게시물의 분류와 검색을 용이하도록 만든 일종의 메타데이터'인데, 이는 '나'라는 한 사람의 타이틀과 키워드를 만드는 데도 아주 중요한 개념이다. 나를 찾을 수 있는 #해시태그의 키워드를 찾는 것이 지금 우리가 해야 할 과제다.

나만의
키워드를 찾는 실전 팁

STEP1. 키워드 나열하기

자신을 표현할 수 있다고 생각하는 단어 30개 이상을 찾아본다.

(이름이나 직업부터 취미, 특기, 관심사 등 추상적인 것까지 써보기)

나의 예) 성진아, 아나운서, 프리랜서, 프리랜서 아나운서, 디지털노마드, 유튜버, 커뮤니케이터, 동기부여가, 여행가, 방랑벽, 동기부여 유튜버, 북튜버, 여행 유튜버, 코스모폴리탄, 글로마드, 코스모지나, 한 달 살기 프로젝트, 콘텐츠 크리에이터, 콘텐츠 아티스트, 창작자, 말하기 좋아하는, 꾸미기 좋아하는, 가끔은 진지한, 책 읽기보다 수집하기 좋아하는, 성장하고 싶어하는, 용기를 주는, 밝은 에너지, 한국을 알리는, 한국문화 홍보대사, 다이어트, 영어 공부, 외국어 공부, 언어 능력자, 5개국어 프로젝트, 60이 되어서도 아름답게, 원하는 삶을 사는 법에 대해 연구하는, 공감능력이 뛰어난 등

당신의 과제)

아마 쓰면 쓸수록 키워드가 길어질 것이다. 하지만 괜찮다. 자신을 표현할 수 있는 것을 한 단어로만 쓰기에는 역부족이기 때문이다. 이후에 두 가지 단어를 이어도 되니까 제한을 두지 말고 최대한 많이 써보도록 하자.

이렇게 제한 없이 다양한 키워드를 찾고 나면 그 다음에는 추려내는 작업을 해야 한다. 이 모든 것이 나를 대표할 만한 키워드는 될 수 없다.

여기서 분류법이 있다. 일단 먼저 버릴 것은 버리고, 남은 것들을 다음의 세 가지로 분류해 보자.

STEP2. 분류하기

❶ 사람들이 어떠한 식으로든 자주 검색할 만한 단어

: 이러한 단어는 사람들이 필요에 의해 찾아볼 수 있는 단
어다. 이후 내 이름과 연관시키기에 좋은 단어를 뜻한다.

나의 예) 동기부여, 영어 공부, 다이어트, 아나운서, 유튜버,

코스모폴리탄(매거진), 여행가 등

당신의 과제)

_____

_____

_____

❷ 자주 검색을 하지 않더라도 내 정체성을 보여주는 단어

: 이 단어를 검색할 일이 많지는 않더라도, 나의 정체성을
보여줄 수 있는 단어다. 내가 계속 나의 이름과 연관시켜
야 하는 단어를 말한다.

나의 예) 글로마드, 코스모폴리탄, 디지털노마드, 한 달 살기 프로젝

트, 커뮤니케이터, 5개국어 프로젝트

당신의 과제)

_____

_____

_____

❸ **나를 알아야 찾을 수 있는 단어**

: 이는 보통 자신의 이름이나 자신이 만든 신조어를 뜻한다.

즉 내 이름 자체에 인지도가 생겨야 찾을 수 있는 단어다.

나의 예) 성진아, 코스모지나, 콘텐츠 아티스트

당신의 과제)

_____

_____

_____

여러분이 위의 과제를 잘 진행했으리라 생각한다. 물론 이들을 정확히 분류하는 것이 쉬운 일은 아니지만, 분명 자신을 나타내는 키워드를 #해시태그 혹은 검색을 한다는 가정 하에 생각해 봤을 때, 나름의 목적대로 분류를 한 과정이었다.

첫 번째 분류는 여러분이 키워드 검색에 노출이 많이 될 수 있도록 하기 위해 계속 사용하고 계발해야 할 키워드가 될 것이고, 두 번째는 다른 사람들에 의한 검색량은 많지 않더라도 나의 정체성을 보여줄 수 있는 키워드를 의미한다. 이는 나를 표현할 수 있는 단어이기에 버리면 안 된다. 마지막은 내 이름이 고유명사가 되었을 때, 찾을 수 있는 키워드이므로 자신을 나타내는 키워드를 계발하는 단계에서는 잊어도 된다. 우리가 브래드 피트를 알고 있기 때문에 브래드 피트를 검색해 보는 것이지, 모른다면 이름이나 닉네임을 검색해 보기는 어렵기 때문이다.

STEP3. 세 가지 키워드 찾기

내가 남기고 싶은 나의 3가지 키워드는?

자신을 표현할 수 있는 키워드를 찾고 분류하는 일을 해보았다. 그렇다면 위에서 찾은 키워드 중 정말로 내가 남기고 싶은 나를 표현하는 단어는 무엇일까? 주로 자주 검색하는 단어와 나의 정체성을 보여줄 단어를 적절히 섞어서 나의 세 가지 키워드를 만들어 보자.

나의 예)

- 코스모폴리탄 : 전 세계가 나의 일터가 되기를 바라는 마음에서다.
- 코스모지나 : 나의 닉네임이 많이 알려졌음하는 바람에서다.
- 커뮤니케이터 : 전 세계 많은 사람과 소통하고, 한국을 전할 커뮤니케이터가 되고 싶다.

당신의 과제)

_____

_____

_____

위의 작업을 통해서 자신을 표현할 만한 키워드 세 가지를 잘 찾아보았으리라 생각한다. 그런데 이 키워드를 자발적으로 만드는 것은 본인일 수 있지만, 그것을 '인식'하는 것은 타인의 몫이다. 그 키워드를 나를 보여주는 단어로 만들기 원한다면,

이에 합당한 행동을 지속적으로 보여주어야 한다. 블로그에 글을 쓰든, 유튜브 영상을 만들든, 강의를 하든, 여행을 하든, 사업을 하든, 어떠한 식으로든 세상에 그 '타이틀'에 합당한 행동을 계속해서 보여줘야 한다. 그렇지 않으면 그 단어가 당신을 표현할 수 있는 키워드로 자리잡지 못할 것이다. 그렇기에 자신을 표현할 수 있는 키워드를 찾았다면 이제는 행동을 해야 한다.

3

인생을 변화시킬 시간,
하루 두 시간만 투자하라

하루에 세 시간씩 걸으면,
7년 후에는 지구를 한 바퀴 돌 수 있다.

_ 새뮤얼 존슨 (영국 시인, 평론가)

무언가 거창한 꿈을 꾸다보면 '그것을 이루는 데
얼마나 많은 시간을 투자해야 할까?'라는 심적 무게감에 압도
된다. 나 또한 많은 시간을 그러한 걱정을 하며, 정작 한 발짝
내딛지 못하고 시간을 허비한 적이 있다. 마치 한 번도 마라톤
을 뛰어본 적 없는 이가 처음부터 42.195km를 뛰겠다고 공
표해 놓고 한 발짝도 뛰지 못하는 상황이랄까? 지금껏 목표를
세우며 무수한 시행착오를 겪은 내가 깨달은 한 가지가 있다.
목표를 이루는 유일한 방법은 그냥 시작하는 데 있다.

모든 일에 있어서 가장 어려운 것은 시작이다. '시작이 반

이다'라는 옛 속담도 그러한 이유에서 생겼을 것이다.

하루 두 시간 한 달만 투자하면
인생이 달라진다

티베트의 정신적 지도자인 달라이 라마에게 어떤 훈련이
나 연습이 삶에 뚜렷한 변화를 일으키는 데 얼마만큼의 시간이
걸리는지에 대해 묻자, 그는 이렇게 대답했다.

"50시간 정도다."

'삶을 변화시키기 위해 무언가를 숙련해야 하는 데 걸리는
시간이 고작 50시간이라고?' 하는 의문이 들 것이다. 대개 우
리는 '1만 시간의 법칙'과 같은 말을 많이 들어왔기 때문이다.

그런데 실제로 나는 경험해 보았다. 운동을 하는 일도, 외
국어를 공부하는 일도, 아침에 글을 쓰는 일도 하루에 한두 시
간 정도 시간을 내어 50시간을 채우면, 그 때부터는 그것이 습
관이 된다는 것을 말이다. 하루 한 시간이면 50일, 하루 두 시
간이면 25일, 약 한 달의 시간이면 된다. 인생 전체를 두고 보

면, 한 달이라는 시간은 그리 길지 않다. 한 달만 비가 오나 눈이 오나 그 일을 해내겠다는 의지만 있으면 된다.

물론 꾸준히 하는 일이 익숙하지 않은 사람은 처음에 조금 힘들 수도 있다. 만약 하루 두 시간이 부담스럽다면 30분이라도 좋다. 여기서 중요한 건 매일 조금이라도 해내는 기쁨을 스스로 느끼는 것이다.

한 달만 무언가를 지속하는 힘이 생겨도, 거창해 보였던 나의 꿈이 그리 큰 것처럼 느껴지지 않을 것이다. 분명 그 한 달 사이에도 몇 번의 고비가 있을 것이다. 그 일이 하기 싫어질 때도, 변화가 없는 것 같은 느낌이 들 때도 중요한 것은 하는 것 자체에 의미를 두는 것이다. 이렇게 하루하루 나와의 약속을 지키는 것만으로도 자신에 대한 신뢰가 생기게 된다.

지금 계획해 보자. 내가 그토록 하고 싶었는데 미뤄왔던 크고 작은 소망들, 꿈들 말이다. 그것이 영어 공부든, 복근 만들기든, 책쓰기든, 새로운 춤이나 기타 연습이든 너무도 하고 싶었지만 늘 미루기만 하고 지금껏 시작조차 해보지 못한 일이 있을 것이다.

더 이상 망설이거나 머뭇거리지 말자. 정말 하고 싶다면 생각은 제쳐두고 행동해야 한다. 나는 미루고 미루다보면 결국 할 수 없게 되는 것이 인생이라는 것을 서른이 넘어가면서 배우게 됐다. 그래서 무언가를 시작할 때 되도록이면 많은 생각을 하지 않으려고 한다.

하루 24시간 중 내가 한두 시간 매일 똑같은 작업을 하기 위해서는 지금껏 그냥 흘려보냈거나 의미 없는 일을 하던 시간을 찾아야 한다. 생각보다 많을 것이다. 잠을 자고, 밥을 먹고, 학교를 가거나 일을 하고, 이동하는 시간 이외에 그냥 버려지는 시간들 말이다.

제 아무리 바쁜 사람이라도 간절히 원했던 일이라면 하루 한두 시간은 만들 수 있으리라 생각한다. 그리고 처음에는 그 시간을 고정해 두는 것이 좋다. 그렇기에 학교가 끝나거나 퇴근 후 늦은 저녁 시간보다는 새벽과 아침시간을 추천한다. 웬만하면 빠질 만한 핑계가 적은 시간이기 때문이다.

물론 이는 자신이 아침형 인간이냐 저녁형(올빼미형) 인간이냐에 따라 생산성이 높은 시간을 찾으면 된다. 중요한 것은 언제냐가 아니라 매일 똑같이 하느냐인 것이다.

처음 20분은
명상과 계획의 시간으로 써라

내가 이야기한대로 시작하고자 하는 이들이 처음 겪는 어려움이 한 가지 있다. 바로 일에 대한 집중 혹은 몰입이다.

특히 아침에 일어나자마자 세수만 하고 '난 이걸 시작하겠어!' 하고 마음먹은 이들조차도 의자에 앉아서 무언가를 하려다 보면 진척이 안 되는 경험을 하게 될 것이다. '아, 왜 나는 잘 안 되지?', '두 시간만 하면 된다는데, 혼자 이 일을 하기가 왜 이렇게 어려운 거야?' 대부분 처음 도전을 시작하는 이들이 마음속으로 중얼거리는 말이다.

이는 내가 이것을 왜 하고 있으며, 왜 해야 하는지 명확한 목표 의식이 마음속에 자리 잡지 않았기 때문이다. 이러한 목표 의식을 새기는 것은 일을 시작하는 것보다 훨씬 더 중요하다. 그렇기에 정말 내가 하고 싶었던, 하고자 했던 일이 앞으로의 내 인생에서 얼마나 크게 도움이 되고, 나를 변화시킬지에 대한 '마인드 셋'을 해야 한다. 즉 명상의 시간을 갖는 것이 중요하다.

명상의 방법은 너무나 다양해서 어떤 방법이 더 좋다고 말하기 어렵다. 어떤 방법이든 여기서 중요한 것은 '마음을 정리하는 시간'을 갖는 것이다. 눈을 감고 잠시 내가 이 일을 왜 하려고 하는지, 이것을 이루면 내 인생에 어떠한 변화가 있을지 상상해보자. 아니면 이러한 생각을 글로 적어보는 것도 좋은 방법이다. 어떠한 형태로든 지금 하고자 하는 일에 집중하기 위해 마음을 다스리는 시간이 필요하다.

세계적인 베스트셀러 《타이탄의 도구들》의 저자, 팀 페리스는 "나는 20분 동안 명상을 할 때 15분은 마음속 흙탕물을 가라앉히는 데 쓴다"라고 말했다. 그만큼 마음을 다스리는 데 쓰는 시간은 매우 중요하다. 그러니 하루 두 시간 중 처음 15~20분은 계획과 집중의 시간을 갖도록 하자.

하루 두 시간,
한 달 프로젝트 만들기 팁

▷ 실천할 목표와 시간 정하기

최근 나에게 있어 하루 두 시간 변화 프로젝트는 '책 쓰기'였다. 어떤 일이 있더라도 반드시 해야 하는 일이기에 최대한 방해받지 않을 시간을 골랐다. 아침 5시 30분에 일어나서 6시부터 8시까지는 반드시 글을 썼다. 매번 잘 되지는 않았지만 80퍼센트 이상은 약속한 바를 지켰다.

이러한 프로젝트를 시작한 당신도 흐트러지는 날이 있을 것이다. 너무 완벽하려고 애쓰지 마라. 다만 하루하루 내가 약속을 지킨 것에 대한 자부심을 느끼는 것이 중요하다. 그리고 정해진 시간만큼은 어떤 일이 있어도 해내겠다는 마음을 가지는 것만으로도 반은 이룬 것이다.

그럼 여러분의 목표 한 가지와 그 일을 매일 할 시간대를 정해보자.

_____

_____

_____

_____

_____

_____

▷ 목표 공개하기

목표를 지키는 데 이 방법만큼 좋은 것은 없다. 혼자 마음속으로 '이걸 하겠어!'라고 되새겨도 돌아서면 의지박약이 된다. 그렇기에 주변 사람들에게 혹은 자신의 SNS나 블로그 등 다양한 온라인 채널에 자신의 목표를 적고 기록하는 것이 좋다. 짧은 글이라도 매일 쓰기 시작하면 어느새 쓰지 않으면 어색해지는 때가 올 것이다. 그러니 매일 꾸준히 지속할 수 있는 시스템을 만드는 것이 좋다.

나도 책을 쓰겠다고 내 블로그와 유튜브에 여러 번 밝힌 바가 있고, 주변 사람들에게도 지금 책을 쓰고 있다고 이야기를 전했다. 이렇게 공개를 하면 더 이상 거짓말쟁이가 되기 싫어서라도 그 일에 매진하게 된다.

여러분의 목표를 공개할 만한 사람이나 장소를 생각해 보라. 그 다음에는 지켜나가면 되는 것이다.

▷ 매일 기록하기

기록한다는 것은 반성한다는 의미와도 같다. 반성이라고 하면 대개 잘못한 것을 뉘우친다는 의미로 생각하는 경우가 많은데 여기서 말하는 반성(反省)은 내가 한 일들을 되돌아본다는 정도로 생각하면 좋겠다.

자기 전 내가 오늘 얼마만큼을 달성했는지, 내일은 얼마만큼을 더 해야 할지, 어려운 점은 없었는지, 어떻게 하는 것이 더 나은지 짧게 적어 두는 것이 좋다. 이렇게 정리하고 나면 내일 집중하기가 좀 더 쉬워진다. 무언가 글을 쓰는 것이 귀찮다면 가볍게 실천 유무를 동그라미나 엑스로 표시해도 좋다. 몇 분 정도 집중했는지도 말이다.

내 인생을 빛나게 할
핵심 가치를 찾아라

> 개미처럼 부지런히 일하는 것은 별로 중요하지 않다.
> 중요한 것은 "나는 지금 무엇을 위해
> 열심히 일하고 있는가?"다.
>
> _ 헨리 데이비드 소로 (미국 작가, 사상가)

인생을 살아가는 올바른 방향은 계속해서 자신
이 설레는 방향으로 나아가는 것이다. 인생에 설렘이라는 감정
이 없다면 죽은 것이나 다름없다. 그것이 사람에게서 오는 감
정이든, 자아실현을 통해 오는 감정이든 말이다. 이러한 이야
기를 이상주의자적인 관점이라 생각하면 당신이 삶을 바라보
는 태도를 바꾸지 않는 한 당신의 삶은 개선되지 않을 것이다.

우리는 모두 행복하기 위해 이 땅에 태어났다. 무언가 꿈
꾸고 설레는 일이 있어야 내 삶의 가치를 찾을 수 있게 된다.
누구에게나 인생에서 힘든 일 한두 가지는 있다. 작게는 인간
관계 및 사회생활에서 오는 스트레스부터 크게는 가까운 사람

의 죽음에 이르기까지. 만약 누군가가 인생에서 이러한 어려움에 빠져 있다면, 지금 당장 설레는 감정이 중요할 리 없을 것이다. 이는 당연하다. 지금은 감정을 추스려야 하는 상황이기 때문이다.

다만 조금 진정된 시기가 오고 삶을 지속하며 살아갈 수 있는 원동력을 찾아야 한다면 그건 바로 '설렘'이다. 그 감정 이외에 다른 것은 없다. 왜냐하면 인간의 모든 행동의 동기는 설렘이라는 내적 욕구에서 나오기 때문이다.

그런데 설렘이라는 것은 가만히 있는 사람에게 주어지는 것이 아니다. 설렘은 반드시 찾아나서는 사람에게만 주어진다. 당신이 책을 읽든, 여행을 떠나든, 새로운 것을 배우든, 혹은 새로운 누군가를 만나든 평소와는 다른 자극이 삶 속에 들어와야 알 수 있는 것이다.

그렇다면 어떻게 해야 설레는 삶을 살 수 있을까? 설레는 삶을 살기 위한 인생 설계법 5단계는 다음과 같다.

STEP 1.
내 인생의 핵심 가치를 찾아 줄 Quality World 그리기

우리가 살아가고 있는 세상에서 특별히 자신이 중요하다고 느끼는 요소와 대상으로만 이루어진 나만의 세상을 Quality World(의역: 질 높은 세계)라 부르는데, 이는 선택 이론(Choice Theory)을 주장한 '윌리엄 글래서'(William Glasser) 박사가 자신의 책에서 언급한 개념이다.

이 Quality World의 범주에 들어가는 대상은 각자 존경하거나 좋아하는 사람(자신의 주변 사람들에서부터 유명인들까지), 제품, 서비스, 브랜드, 음식, 음악, 영화, 책 등 문화적인 취향, 특정 라이프 스타일이나 추상적이고 관념적인 개념이나 느낌, 사상까지 전부 포함할 수 있다.

자신의 마음을 움직이는 대상과 개념 체계를 원의 가장 가운데부터 의식의 흐름대로 적으면 된다.

나의 예)

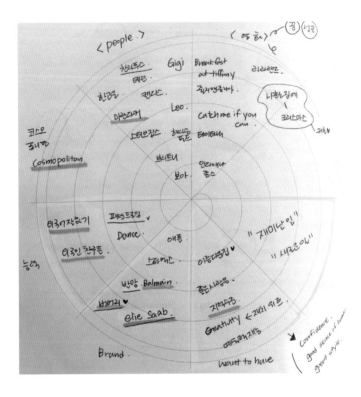

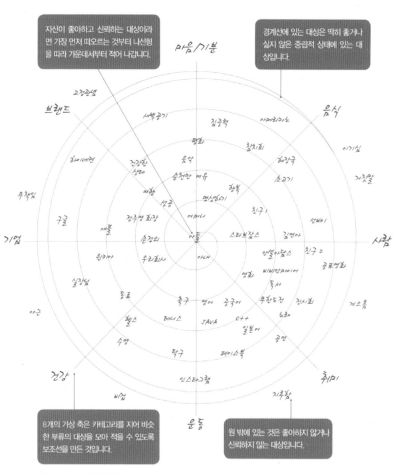

윈키아 플래너에서 발췌

당신의 과제) 직접 그려 보세요.

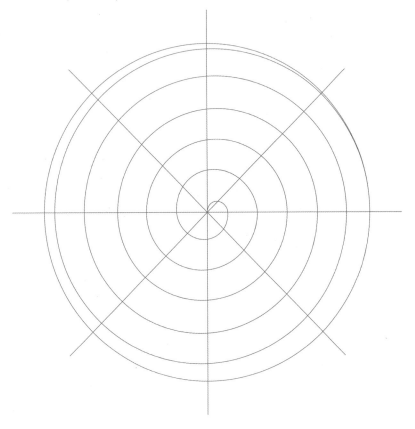

STEP 2.

Quality World를 통한 내 인생의 중요한 가치 추출해 보기

Quality World 도표를 모두 작성했다면 이제는 그 대상들 중 가장 마음에 드는 열 가지 대상을 골라 각각의 대상이 가지고 있는 '본질적인 가치'가 무엇이며, 왜 내가 그러한 대상을 좋아하는지 구체적으로 알아보도록 하자. 그 대상이 본질적으로 가지고 있는 가치에는 이러한 것들이 있다.

성장, 발전, 성공, 영향력, 권위(파워), 확신, 믿음, 진실함, 사랑, 자신감, 성공, 카리스마, 쿨함, 성취지향, 탁월함, 상상력, 창의적, 유쾌함, 재치, 금전적인 부, 정신적인 부, 후대에 남길 수 있는, 의욕적, 건강, 아름다움, 실용적, 재미, 유쾌, 사랑스러움, 이해심이 많은, 디테일이 강한, 정성이 가득한, 인내, 노력, 끈기, 미래지향, 현재충실, 따뜻함, 온정, 강함, 공정함, 정의로움, 신용, 소신, 정직, 봉사, 친절, 단순함, 다양성, 지혜, 진취적, 협력, 가족적, 변화를 즐기는, 통합적, 공통적, 조용함, 여유, 바쁜, 활기찬, 효율적, 능률적, 자발적, 헌신적, 혁신적, 배려, 도전적, 모험심, 단호함, 의욕적, 긍정적, 호탕함 등

이는 가치를 표현할 수 있는 예다. 물론 이러한 가치는 자신이 생각하는 대로 다른 단어로 대체할 수 있다.

내 인생의 중요한 가치 추출하기

Quality World에 쓴 대상들을 바탕으로, 내가 왜 그러한 대상을 동경하거나 좋아하는지 그 안에 내재된 가치를 추출해 보자.

예시)

대상	내재된 가치
엘론 머스크 (인물)	도전적, 창의적, 독창적, 의욕적, 탁월함, 미래지향
소피아 베르가라 (인물)	솔직함, 도전적(사업), 재미, 유쾌함
블레이크 라이블리 (인물)	따뜻함, 정이 많음, 웃는 게 예쁨, 아름다움
5개 국어 능통자 (되고 싶은)	다양성, 변화를 즐김, 성취지향, 모험심 강함
코스모폴리탄 (되고 싶은)	멋진, 카리스마, 의욕적, 모험심 강함, 변화를 즐김
7개국에서 살기 (하고 싶은)	다양성, 도전적, 변화를 즐김, 성취지향, 모험심 강함
캐리 브래드쇼 (캐릭터 인물)	자유분방, 패셔너블, 사랑스러움, 자신감, 재미, 쿨함
인디애나 존스 (캐릭터 인물)	모험심, 도전적, 재미, 의욕적, 상상력
버버리 (패션 브랜드)	클래식, 성숙함, 시크함, 매니쉬함
엘리사브 (패션 브랜드)	고결, 아름다움, 몽환적, 여성적

당신의 과제)

대상	내재된 가치

STEP 3.
가장 중요한 핵심적인 가치 뽑기

내가 선택한 대상에 대한 가치를 여러 개 쓰다보면 중복적으로 자주 등장하는 가치가 있을 것이다. 바로 이 가치가 본인이 그 대상을 좋게 생각한 이유고, 자신은 그러한 가치를 존중하고 사랑하기에 그 대상을 좋아하게 된 것이다. 그럼 내재된 가치 중에서 나만의 핵심가치를 뽑아 보자. 그 가치가 구체적으로 내 인생에서 어떤 모습으로 발현될 수 있을지 몇 가지를 적어 보자.

나의 예)

내가 중요하다고 생각하는 가치들의 구체화				
다양성	모험/도전적	변화를 즐김	재미	아름다움

당신의 과제)

내가 중요하다고 생각하는 가치들의 구체화				

STEP 4.
중요한 가치에 따른 목표 설정하기

위에서 내가 중요하다고 생각한 가치들은 나의 삶에서 어떠한 방식으로 구현될 수 있을까? 가령 도전적이고, 변화를 즐기는 가치를 중요하게 여긴다면 지금 어떤 목표를 세워야 할까? 이제 내가 중요하다고 생각하는 가치에 맞게 살기 위한 목표를 설정하고 구체적인 행동 양식을 만들어 보자. 그것이 하고 싶은 일이든, 되고 싶은 일이든, 가지고 싶은 것이든, 어떤 것이든 상관없다.

나의 예)

선별된 가치에 부합하는 목표 설정				
다양성	모험/도전적	변화를 즐김	재미	아름다움

1. 전 세계를 돌아다니며, 5개의 언어를 배워 본다. (영어, 일본어, 중국어, 태국어, 스페인어 등)

2. 1년에 세 번은 해외에서 한 달씩 살아본다. (예) 2019년 겨울 태국에서 한 달 살기

3. 다양하고 재미난 라이프 이야기를 담아 유튜브에 올린다.

4. 건강과 뷰티를 동시에 챙길 수 있는 사업을 구상한다.

5. 아름다운 몸을 유지하기 위해 분기별로 다른 운동을 배운다.

당신의 과제)

선별된 가치에 부합하는 목표 설정				
1.				
2.				
3.				
4.				
5.				

STEP 5.
목표에 대한 구체적인 행동 목록 작성하기

위에서 세운 목표는 아직 구체적이지 못하다. 너무도 추상적이어서 뜬 구름 잡는 얘기처럼 들릴 수도 있다. 그러면 지금부터 한 가지 목표를 예로 들어 구체적인 행동 목록을 만들어 보자.

나의 예)

[목표] 다양하고 재미난 라이프 이야기를 담아 유튜브에 올린다.

세부목표: 2019년 1월에 태국(방콕)에서 한 달 살기를 기획한다.

- 태국(방콕)에서 살 장소를 알아 둔다. (에어비앤비나 익스피디아 등 이용, 지인들에게 질문 등)

- 무엇을 하고 보낼지, 어떤 사람들을 만날지 미리 조사한다. (인터넷 검색)

- 태국어를 배울 수 있는 온라인 강좌나 함께 배울 수 있는 사람을 찾는다.

- 방콕의 유명한 핫 플레이스나 나만의 기획 아이템을 생각한다.

  (방콕의 유명한 루프탑 바 찾아가기, 방콕의 로컬 푸드 소개하기 등)

- 태국에서도 수익을 만들 수 있는 방법을 생각해본다.

  (현지인들에게 한국어 가르치기, 태국과 한국을 이을 수 있는 사업 모색, 유튜브를 통한 수익 등)

이는 나의 한 가지 예를 보여준 것으로 구체화시키는 방법만 이해하면 된다. 프리랜서인 나는 나의 생활 방식에 맞는 계획을 세워 본 것이기에 여러분의 행동 목록표는 완전히 새로울 것이다. 이 단계가 끝나면 각 세부 사항에 필요한 구체적인 행동 목록들을 또 한번 생각하고, 언제까지 끝낼 수 있을지 시간 계획도 세워야 한다.

당신의 과제)

목표 1)

-
-
-
-
-

목표 2)

-
-
-
-
-

5

3개월 단위로 목표를 세우고 공표하고 실천하라

어떤 일이라도 작은 일로 나누면
어려운 것은 하나도 없다.

_ 레이 크록 (미국 맥도날드 창업자)

　나는 어떤 작은 목표를 이루기에 가장 적합한 시간을 한 분기(quarter)라 생각한다. 1년을 4분기로 나누면, 한 분기는 3개월이 된다. 무엇을 하든 100일 동안 지속적으로 시간과 노력을 쏟아 부으면, 결과는 나타나게 마련이다. 3개월의 시간이라면 몸 만들기에 도전할 수도 있고, 새로운 외국어 공부를 한다면 기초 과정을 뗄 수도 있다. 마음만 제대로 먹는다면 책 한 권 집필을 끝낼 수도 있는 시간이다.

　나는 어떠한 목표를 달성하기 위해 이 방법을 많이 사용했다. 이 방법은 1년을 목표로 한 계획보다 훨씬 효과가 있었다.

한 가지 목표를 지치지 않고 달성하기에 1년이란 시간은 너무 길다. 중간에 큰 슬럼프가 찾아오고 지속력을 가지기도 어렵다. 1년짜리 프로젝트라면 4분기로 나누어 각 분기별로 목표를 다시 설정하여 새로운 프로젝트를 만드는 것이 훨씬 효과적이다.

　이 분기별 프로젝트를 진행하는 동안에는 한 가지 목표에만 집중하는 것이 좋다. 잘만 성공한다면 1년에 네 가지 계획을 이룰 수 있는 것이니, 3개월 간 한 가지에만 집중한다고 해도 큰 성과를 얻는 것이다.

이유, 수단, 기간과 목표치를 적은 구체적 목표를 세워라

　매년 새해가 될 때마다 스스로에게 이런 질문을 던졌다. 새해가 되면 매년 다이어리에 똑같이 '다이어트하기'와 '영어 공부하기'를 목표로 적는데, 왜 그것을 한 번도 제대로 지킨 적이 없을까? 정말 오랫동안 고민했다. 그저 끈기와 인내의 부족이라고 하기엔 너무도 억울하다. 끈기와 인내력을 1년 내내 발휘할 사람이 몇이나 될까? 목표를 좀 더 쉽게 이룰 수 있는 방법이 있지 않을까?

몇 년 전에 드디어 그 해답을 찾았다. '과잉 목표의 맹점' 그리고 '구체성과 현실성 없는 계획'이 문제였던 것이다.

가령 '1년간 10kg 빼기' 혹은 '외국인들과 자유롭게 소통할 수 있을 만큼 영어 실력 쌓기', '중국어 초급 떼기' 혹은 'HSK 3급 시험보기' 등 다양한 문장으로 목표를 세운다. 그런데 엄밀히 말하면 이것은 목표가 아니다. 그저 나의 바람일 뿐이다.

목표가 되려면 일단 이유가 있어야 한다. 그 목표를 정말 이루고 싶은 명확한 이유 말이다.

예를 들면 '나는 바디 프로필을 찍고 싶다. 필라테스나 PT를 받아서 3개월 안에 5kg을 빼고 몸을 만들어서, 4개월 뒤에는 꼭 바디 프로필을 찍겠다'처럼 이유와 함께 방안도 구체적으로 적어야 한다.

이런 목표를 처음 보는 사람은 "그 긴 문장이 목표란 말이야?" 하고 의아해 할 수도 있다. 하지만 정말 목표를 이루려면 이렇게 만들어야 한다.

첫 번째는 '이유'가 있어야 한다. 여기서 이유라는 것은 내적 동기나 외적 동기여야 한다. 이것을 끝까지 지속해야 하는, 내가 정말로 갈망하는 이유여야 한다.

다음은 목표를 이룰 가장 기본적인 '수단'이 있어야 한다. 필라테스나 PT수업 등 살을 어떻게 뺄 것인지에 대한 수단이 있어야 한다.

그리고 마지막으로 '기간과 목표치'가 있어야 한다.

이렇게 기본적인 요소가 들어가야 목표라고 할 수 있다. 인간의 의지력은 그렇게 강하지 못하다. 물론 목에 칼이 들어오는 일이 생기면, 생존하기 위해서라도 악착같은 의지를 불사를지 모르겠지만, 우리 인생에서 그렇게 위급한 환경은 만들어지지 않는다. 환경을 바꿀 수 없다면, 목표 문구를 바꿔야 한다.

목표를 잘게 쪼개
세부적 목표를 세워라

이제 그 목표에 '시간'이라는 개념이 첨가되어야 한다. 우리는 끊임없이 흘러가는 시간 안에 살고 있다. 목표라는 것은 결국 내가 살아가는 인생의 기간 안에 이루어지게 마련이다. 좀 더 타이트한 목표를 설정해 시간을 단축하여 목표를 달성할 수 있다면 더할 나위 없이 좋겠지만, 너무 빡빡하다는 생각이 들게 목표를 정하면 지치기 마련이다.

목표를 달성하기 위한 계획을 세울 때, 일주일에 5일을 빡세게 했다면 이틀 정도는 쉬거나 정리의 시간을 가져야 한다. 그런 의미에서 일주일이란 시간 개념은 인간에게 일과 휴식을 동시에 계획하기 알맞은 시간 단위다. 물론 사람마다 개인적인 차이가 있겠지만 일주일 간격으로 1~2일은 휴식을 가져야 그 다음 단계를 밟을 수 있다.

목표를 제대로 설정했다면 이제는 내가 목표한 계획을 한 달 단위, 보름 단위, 일주일 단위로 목표치를 다시 세분화해 보자. 가령 3개월에 5kg 빼기가 목표라면 1개월엔 2kg 정도는 빼야 한다는 결론이 나온다. 그리고 보름에는 1kg, 1주일엔 500g인데, 이는 예시로 보여주기 위해 그저 정석대로 쪼개 본 수치다. 만약 내가 처음 한 달 동안 먼저 5kg을 빼고, 나머지 두 달은 유지기간을 가진다고 목표를 설정해도 문제가 되지는 않는다.

본인이 이룰 수 있을 것이라 생각이 드는 기준에서 10~20% 정도만 더 높게 목표를 설정하자. 목표는 너무 쉬워도, 너무 어려워도 달성하기 힘들다. 그 기준점은 스스로가 여러 번

시행착오를 거치면서 '난 이 정도는 해낼 수 있을 거야'라는 나름의 지점을 찾아내면 된다.

3개월이란 시간 동안 해낼 수 있을 것 같은 큰 목표 아래, 그것을 1개월로, 다음은 보름으로, 다음은 일주일로 잘라서 세부 목표를 적어두어야 최종 목표 달성이 가능해진다.

일단 일주일 동안 달성할 목표를 세웠다면 더는 숲을 보지 말자. 가끔 그 숲이 너무도 큰 이야기 같아 좌절할 때가 오기 때문에 그냥 오늘 내가 한 발짝 한 발짝 나무들을 보며 나아가야 할 일에만 집중하자. 그러다보면 어느새 한 달이 지나고 두 달이 지나게 된다. 그러면 그 때 내가 그동안 얼마만큼 변화되었는지 점검하면 되는 것이다. 너무 자주 최종 목표를 바라보는 것은 자신을 지치게 만드는 일이다. 그러니 목표를 잘게 쪼개자.

분기별로
프로젝트를 작성하라

내가 목표(프로젝트) 설정 단위를 한 분기(3개월)로 잡은 이유는 사람의 끈기와 인내력을 감안해서 무언가 보람된 결과물을 얻을 수 있는 가장 적합한 기간이라 생각해서다. 사람에 따라 그것을 1개월, 3개월, 6개월 혹은 1년을 잡더라도 상관없다. 다만 나는 1년 단위의 목표보다 분기별 프로젝트를 세우는 것이 목표를 달성하기가 수월했었기에 이 방법을 추천하는 것이다.

나의 예)

2019년			
1분기(1~3월)	2분기(4~6월)	3분기(7~9월)	4분기(10~12월)
영어·중국어·일본어 3개국어 프로젝트 진행 (유튜브 콘텐츠 지속)			

	1분기(1~3월)	2분기(4~6월)	3분기(7~9월)	4분기(10~12월)
목표	동남아 생활 경험: 태국에서 한 달 살기	중국에 대해 더 알아보기 위해, 중국 방문하기 (단기출장)	여름, 런던에서 한 달 살기 계획	(계획미정)
수행 과제	• 현지 친구들을 만든다. • 겨울마다 살기 위한 사업 아이디어를 얻는다. • 새로운 유튜브 콘텐츠를 만든다.	• 중국의 IT도시라 불리는 심천(深圳) 방문하기. • 현지인들과 중국어 관련 콘텐츠 만들기.	• 외국인들을 위한 한국어 강좌 클래스 만들기. • 유튜브 콜라보(현지 크리에이터들과 함께) 콘텐츠 기획하기.	(계획미정)

이제 자신에게 가장 알맞은 분기를 잡아서 구체적인 행동 목록표를 만들어 보자.

물론 1년 장기 프로젝트를 세워도 좋다. 아니면 1~2분기를 묶어 6개월간의 프로젝트도 괜찮다. 본인이 가장 효율적이라고 생각하는 기간을 잡아서 목표와 해야할 일을 구체적으로 쓰면 된다.

당신의 과제)

2019년			
1분기(1~3월)	2분기(4~6월)	3분기(7~9월)	4분기(10~12월)
목표			
수행 과제			

목표를 알리고
아침 일기를 써라

혼자 세운 목표는 늘 쉽게 무너지기 마련이다. 그래서 나는 이를 극대화하기 위해 몇 가지 추가적인 방법을 사용했다.

예전에 '변체클'이라는 오프라인 모임을 소규모 멤버들과 정기적으로 진행했다. 변체클이란 '변화 체크 클럽'의 준말이다. 우리는 매달 한 번 자신의 목표를 프레젠테이션하고, 멤버들 앞에서 발표했다. 그리고 1~2주에 한 번씩 만나 서로의 목표를 점검해 주고, 지난 목표를 리뷰하고, 그 다음 달의 새로운 목표를 세우는 시간을 가졌다. 변화하고 발전하길 추구하고 멋진 인생을 살아가고 싶어 하는 여자들이 만든 모임이었다.

이러한 모임이 꽤 효과가 있는 이유는 '공표의 힘'이다. 이는 심리학적으로도 증명된 방법이다. 인간은 자신의 입으로 내뱉은 말은 부끄럽지 않기 위해서 최선을 다해 지키려는 경향이 있다.

어느 통계조사에 따르면 "자기 혼자 어떤 목표를 세우고 조용히 달성하는 것보다 공표를 하면 목표를 달성할 확률이 다섯 배 이상 높아진다"고 한다. 그만큼 혼자 가는 것보다 특정 목표가 있는 사람들과 함께 목표를 나누고 함께 가는 것이 성공의 확률을 높인다.

또 하나는 '아침 일기쓰기'다. 나는 여러 책을 통해 알게 된 이 방법을 몇 년 전부터 실천하고 있다. 밤에 쓰는 일기와는 달리 아침에 쓰는 일기는 오늘 하루에 온전히 집중할 수 있다.

내가 오늘 하루 무엇을 위해서 살아야 하는지 그리고 내가 몇 가지 과업을 지켜야 오늘 하루를 뿌듯하게 마무리할 수 있을지를 글로 쓰면서 뇌에 새기는 방법이다.

아침 일기를 쓰는 방법은 저마다 다를 수 있겠지만, 밤에 쓰는 일기보다는 분명 미래 지향적인 방식으로 쓰게 된다. 밤에 쓰는 일기가 하루를 되돌아보는 리뷰의 형태라면 아침에 쓰는 일기는 어제 일을 한 번 생각해 보고 반성하여, 오늘 하루를 좀 더 보안할 수 있는 방식으로 나아가야 한다.

우리는 이미 분기별 프로젝트를 짜면서 큰 목표는 세웠기 때문에 월간, 주간 목표 그리고 오늘 하루 그 일을 이루기 위해 무엇을 해야 할지 '행동 목록'을 다섯 가지 이하로 적어 실천만 하면 된다.

6

수많은 열정을 담은
나만의 포트폴리오 커리어를 만들라

만약 당신이 자신의 인생 계획을 만들지 않으면
다른 사람의 인생 계획에 들어가게 될 것이다.

_ 짐 론 (미국 작가, 사상가)

지금껏 살면서 "무엇이 되고 싶니?"라는 질문에
한 번도 고민해 보지 않은 사람이 있을까? 10대 때는 이 질문
에 대한 완벽한 하나의 해답을 찾아가는 것이 인생의 가장 큰
숙제라고 여겨왔다. 그렇다. 우리는 지금까지 한 사람의 인생
이 하나의 직업으로 귀결되어야 한다고 믿어 왔다. 적어도 10
대 때까지는, 그리고 우리가 100세까지 살 수 있는 시대가 오
기 전까지는 말이다.

자신이 좋아하면서도 잘하는 일을 찾아 그 일을 천직으로
삼고 살아가는 이들을 우리는 얼마나 부러워했던가? 아마데

우스 모차르트는 다섯 살 때 이미 자신의 음악에 대한 천재성을 발견했다. 그러나 그는 45세의 나이에 생을 마감했다. 르네상스의 대표 거장 중 한 명으로 알려진 라파엘로는 〈아테네 학당〉과 〈갈라테이아〉와 같은 어마어마한 작품을 남겼지만, 서른 일곱에 유명을 달리했다.

나는 문득 그런 생각이 들었다. 만약 모차르트와 라파엘로가 그들의 30~40대에 생을 마감하지 않았더라면, 그저 음악가와 화가로서의 이름만 남기고 생을 마감했을까? 아마도 그들은 우리의 상상에 빗나가는 엉뚱한 직업으로 그들의 50~60대, 그리고 70대를 살아갔을지도 모른다.

천직이란
하나만 존재해야 하는 것일까?

무엇이 되고 싶냐는 질문에 명확한 답을 내리지 못하는 우리의 마음은 무겁기만 했다. 뭔가 나에게 잘못이라도 있듯이, 나는 특별하게 뚜렷한 재능이 없는 너무나도 평범한 사람이라고 스스로 작아지곤 했다.

그런데 꼭 하나 알려주고 싶은 게 있다. 세상에는 전 세계에서 한 분야의 1%에 들지 못한다 할지라도, 다양한 분야에 두루두루 능력이 있는 사람이 많다. 다양한 분야에 관심이 많고 곧잘 하는 그들은 한 가지 직업을 골라 그것을 자신의 직업으로 삼는 것이 너무나도 어려운 사람들이다.

이러한 사람이 많은 것은 놀라운 일이 아니다. 우리는 몇 세기 전에 살던 사람들과 달리 매우 다양한 교육을 받고 자랐다. 음악, 미술, 체육, 사회, 과학, 수학, 언어, 그밖에 미디어를 통해 배우는 연기, 춤, 노래, 요리, 디자인 등 세상에 얼마나 다양한 직업이 많은지 이미 어릴 적부터 끊임없이 탐색하면서 자라왔다. 그렇기 때문에 다방면에 관심을 갖게 되는 것이다.

여러 방면에 두루두루 능통한 사람을 우리는 팔방미인이라 부른다. 한 가지만 잘하고 나머지 분야에는 전혀 문외한인 사람보다는 다재다능한 사람이 평생을 재미있게 살 수 있지 않을까?

물론 자기가 관심 있는 분야의 모든 일을 직업으로 삼을 수는 없다. 한 가지 주된 직업이 있어야겠지만 너무도 즐겁고 하고 싶은 일이라면 그것을 서브 잡(Sub-Job), 그러니까 부업으로 두면서 활동할 수도 있을 것이다.

"이곳(샌프란시스코)에서는 다들 각자 여러 직업을 갖고 있는데 하나는 돈을 벌기 위한 본업이고, 다른 하나는 스타트업에 돈을 투자하는 일이며, 나머지 하나는 좀 더 예술적 성향이 강한 부업이다. 바로 이 부업이 자신이 정말로 좋아하는 일이라서 거기에도 시간을 투자하는 것이다. 차로 한 시간 거리에 있는 사무실 한 곳에서만 일하는 건 샌프란시스코에서는 생각도 할 수 없는 일이다."

―《스마트(전 세계 디지털 문명의 현주소에 대한 보고서)*》중에서

아직까지 21세기가 주는 의미를 많은 사람이 간과하는 듯하다. 21세기에 태어난 아이들은 엄마 뱃속에서 나오자마자 인터넷과 모바일에 익숙한 세대다. 21세기가 우리에게 준 가장 큰 선물은 온라인 플랫폼을 통해 시간이라는 것을 뛰어넘어 돈을 벌 수 있는 힘이다. 시간을 투여하여 돈을 버는 시대가 지났다는 의미다. 그러다보니 지금 이 시대를 사는 사람들은 평균적으로 두세 가지 직업을 가지는 것이 가능해졌다. 아니 그 이상을 넘어 다중 직업(multi-jobs)을 가지며 살아가는 사람들이 생겨날 것이다. 그런 의미에서 자신만의 '포트폴리오 커리어'를 좀 더 구체화시키는 것은 중요한 작업이다.

---

*   저자 : 프레데리크 마르텔 (Frederic Martel), 출판사 : 글항아리

다재다능한 사람이
더 큰 인생을 설계한다

"난 정말 다양한 분야에 관심이 많아. 이것도 해보고 싶고, 저것도 해보고 싶어서 한 가지 일에만 집중을 못하겠어. 나의 이 다양한 호기심이 모두 긍정적으로 작용해 모든 일을 다 해낼 수 있으면 좋겠지만, 우리 모두에게 유일하게 공평한 건 똑같이 주어진 24시간이잖아? 결국 한두 가지를 추려서 선택해야 하지만, 그 일만 내 평생 직업으로 삼고 싶지는 않아. 인생은 생각보다 기니까. 혹자는 이런 날 보고 싫증을 잘 낸다, 진득하지 못하다고 하지만, 이것도 먹어보고 싶고, 저것도 먹어보고 싶은 걸 어쩌겠어? 이 세상은 다양성의 사회인데!"

이것이 누구의 생각인지 궁금한가? 바로 나의 생각이다. 그런데 이건 분명 나만의 성향은 아닌 듯싶다. 왜냐하면 지구 반대편에서 나와 똑같은 고민을 하면서 살아온 이가 있기 때문이다. 에밀리 와프닉은 《모든 것이 되는 법》에서 다능인에 대해 이렇게 소개했다.

'다능인'(multipotentialite)이란 다재다능한 사람의 줄임말이 아니라, 다양한 관심을 가진 사람을 뜻한다. 뭐든 잘하는 사람이 아니라 뭐든지 흥미를 갖는 사람을 뜻하는 말이다.

> "나는 새로운 분야에 빠져들면 완전히 몰두해서 닥치는 대로 가
> 능한 한 모든 관련 정보를 빨아들인다. 그리고 아주 열정적으로
> 몇 가지 프로젝트를 완성한다. 하지만 몇 달 혹은 몇 년이 지나면
> 놀라울 정도로 관심이 줄어든다. 그리고 이내 새로운 다른 분야
> 에 흥미를 느낀다. 일단 꽤 높은 수준으로 어떤 일이 능숙해지는
> 순간 따분함이 찾아온다."

내가 자주 겪는 패턴이다. 우리는 한 분야에서 탑(top)으로
뛰어난 성과를 발휘한 사람들을 추앙하는 경향이 있다. 그러다
보니 다방면에 재능이 있는 제너럴리스트(generalist)보다는 전
문가인 스페셜리스트(specialist)가 되어야 한다는 사회적 압박
을 은연중에 받는다.

한 분야의 전문가로서 이름이 알려지려면 그 직업군의 종
사자로 일하는 것만으로는 부족하다. 전 세계에서 그 분야의
0.001%에는 들어야 한다. 하지만 그것이 어디 쉬운 일인가?
그렇다면 그 분야에서 일하는 다른 직업인들은 모두 하찮게 여
겨져야 하는가?

영어 선생님이라 할지라도 저마다 나름의 방식이 있다. 지식의 수준이나 사람들에게 알려진 명성으로만 평가되기에는 무리가 있다는 말이다. 그들에겐 제너럴리스트로서 영어를 잘 가르치는 것 이외에, 아이들과 공감을 잘한다거나 혹은 누구나 웃길 만한 개그 본능을 가지고 있다거나 하는 다른 플러스 요인이 있을 것이다. 이들은 굳이 영어 선생님으로만 살아갈 필요가 없다. 그 플러스알파를 잘 살려 여러 가지 직업을 동시에 가지거나, 상황에 따라 한 가지 일에서·다른 일로 옮겨갈 수도 있는 일이다. 이런 다능인들이 인생에서 중요하다고 생각하는 몇 가지 요소는 다음과 같다.

> "행복한 다능인 인생의 세 가지 요소는 돈과 다양성, 그리고 의미다. 돈을 벌기 위해 그들이 하는 일은 단지 방정식의 한 부분을 차지할 뿐이며, 그건 그들이 만들어나가는 인생이라는 더 큰 공식에 맞춰진다. 자신들이 중요한 무언가를 하고 있다는 느낌(의미)도 필요했다."

돈, 다양성 그리고 의미. 나는 이 말에 완전 공감한다. 우리 인생은 직업이라는 것을 넘어 더 큰 인생 설계가 필요하다. 그리고 모든 일은 '내가 원하는 인생'이라는 거대한 공식에 맞춰서 취사선택할 수 있는 것이다. 그저 돈에 의해서 일을 하는 것이 아닌, 내가 하고 있는 하나하나의 일들에 의미가 있어야 한다.

이 세 가지의 밸런스가 중요한 이들은 자발적으로 몇 가지 직업을 선택한다. 돈과 다양성 그리고 의미, 이 세 가지 토끼를 잡기 위해서 말이다. 에밀리가 말한 이러한 직업 관념은 앞서 내가 말한 '포트폴리오 커리어'와 비슷한 맥락에 있다.

포트폴리오 커리어란 간단히 말해 한 가지 이상의 일을 하며 돈을 버는 것을 말한다. 지금 나의 삶을 예로 들자면 아나운서이면서 기업 강사, 그리고 유튜브 크리에이터, 그밖에 몇 가지 일을 해나가는 커리어를 말한다.

그럼 이러한 커리어를 어떻게 쌓아갈 수 있는지 포트폴리오 커리어를 만드는 방법에 대해 알아보자.

나만의
포트폴리오 커리어를 만들라

우리가 일반적으로 '커리어'라 부르는 직업과 경력에 대한 개념은 시대에 따라 점점 달라지고 있다. 어느 한 분야에서의 경력만 쌓을 필요도 없으며, 몇 가지 직업을 동시에 가질 수도 있고, 내가 많은 시간을 투자하는 그 일이 직업이 아닐 수도 있다. 분명 내 인생을 위해 무언가 일을 하는 것과 직업을 갖는 것은 다른 의미일 수 있기 때문이다.

> "취미가 나쁜 건 아니다. 하지만 취미란 기본적으로 노인의 것이다. 너무나 좋아서 주체할 수 없을 정도로 몰두하게 만드는 뭔가가 있다면, 젊은이들은 그것을 취미로 하는 아마추어가 아니라 일로 삼는 프로가 되는 게 자연스러운 흐름이다."

무라카미 류는 《무취미의 권유》에서 취미는 취향으로, 취향은 개인의 업으로 발전할 수 있다고 말했다. 물론 그의 말이 100% 옳은 것은 아니다. 취미에 대한 열정과 역량은 사람마다 상대적이기 때문이다. 하지만 그 일이 너무도 즐거워 힘든 줄 모를 정도의 일이라면 이것을 제2, 제3의 업으로 삼을 수 있는 방법을 고민해 보는 것이 좋겠다.

런던에서 가장 인기 있는 플로리스트인 제인 패커(Jane Packer) 또한 자신의 플라워 숍을 운영하고, 다양한 플라워 스쿨 커리어 코스 강좌를 열기 전에는 취미로 꽃을 다뤘다. 현재는 고인이 된 그녀이지만 이후 세계적인 플로리스트로서의 부와 명성을 얻게 되었다.

여러 가지 일을 동시에 한다거나 혹은 취미를 직업으로 발전시켜 새로운 직업을 갖는 포트폴리오 커리어를 만들려면 제일 먼저 자신의 관심사들 중 발전시킬 수 있는 가능성이 있는 것을 몇 가지 선택해야 한다. 그리고 그것을 나의 취미가 아닌, 내가 다른 사람에게 어떠한 가치를 보태줄 수 있을 정도가 될 방법을 생각해야 한다.

나는 전문 영어 강사나 일본어 강사는 아니지만 지금까지 축적해 온 나만의 노하우가 있다. 뿐만 아니라 이 분야를 좀 더 전문적으로 끌어 올리고 싶은 욕심도 있었다. 그래서 TOEIC, TOFLE, IELTS, JLPT, JPT 시험 공부를 하여 좋은 성적을 얻었고, 각 분야에서 최소 중급 이상의 학생을 가르칠 수 있을 정도로 실력을 끌어 올렸다. 이후 내가 이와 관련된 분야에서 직업인으로서의 자격을 획득하는 방법은 내 고객의 만족도와 변화에 달려 있는 것이다. 처음부터 전문가라는 타이틀을 얻는 경우는 없다. 그렇게 쌓아가면 되는 것이다.

이렇게 자신이 돈으로 교환할 수 있을 만한 자신의 몇 가지 능력을 만들어가는 일이 포트폴리오 커리어의 첫 번째 단계다. 거기에는 배움이 따른다. 뿐만 아니라 스스로 영업 방식을 터득해야 한다.

내가 가지고 있는 능력을 어떻게 세상 사람들에게 알릴 것인가? 그것이 1:1 컨설팅이든 회사에 가서 컨설팅을 해주는 일이든 자신을 피력할 수 있는 기회를 만드는 것은 자기 노력 여하에 달려 있다.

요즘은 모든 홍보를 온라인에서 할 수 있다. 자신의 사이트를 만들어도 되고, 블로그와 유튜브를 이용해도 되며, SNS를 활용해서 알릴 수도 있다. 혹은 다양한 사람들을 만날 수 있는 자리에서 자신을 가볍게 알릴 기회를 만들어도 된다. 이렇게 기회를 차근차근 만들면 좋은 결과가 있을 것이다.

이렇게 자신의 열정이 닿는 무언가의 일을 새롭게 배우고 시도해 보고, 그것을 업으로 삼는 일은 가장 나답게 살아갈 수 있는 방법이다. 조금만 용기를 내어 자기 자신을 파악하고, 할 수 있다는 믿음을 장착한다면 여러분도 자신이 원하는 몇 가지 일을 시작해, 회사에서 잘릴 걱정, 퇴직할 걱정 없이 평생 나의 일을 만들면서 살 수 있을 것이다.

여러분의 수많은 열정을 받아들일 수 있는 자신만의 포트폴리오 커리어를 아래 몇 가지 질문에 답하면서 만들어 보기 바란다.

◆ 포트폴리오 커리어를 만들기 위한 체크 리스트

Q1 지금껏 자기가 재능이 있다고 생각해 왔던 분야는 무엇인가?
(나의 재능 찾기)

Q2 그러한 일들 중 그 관심과 재능을 좀 더 키울 수 있는 방안이 있는 것은 무엇인가? (능력을 올릴 분야 찾기)

Q3 만약에 그것을 직업으로 갖고자 한다면 주변에 도움을 요청할 사람이 있는가?
(나를 도와줄 인적자원 찾기)

Q4 내가 그 일을 한다고 가정할 때, 나에게 돈을 지불할 사람을 어떻게 만날 수 있을까? (나의 가치를 교환할 수 있는 영업 방법 찾기)

Q5 내가 무언가를 배우는 데 투자하였을 때, 그것의 열 배 이상 수익을 얻을 수 있는 방법을 생각해 보자. (블로그, 유튜브, SNS 활용 등 수익화 방법 찾기)

나도 멋지게 살고 싶다

초판 1쇄 발행·2018년 12월 20일
초판 2쇄 발행·2019년 1월 15일

지은이·성진아
펴낸이·이종문(李從聞)
펴낸곳·국일미디어

등록·제406-2005-000025호
주소·경기도 파주시 광인사길 121 파주출판문화정보산업단지(문발동)
영업부·Tel 031)955-6050 | Fax 031)955-6051
편집부·Tel 031)955-6070 | Fax 031)955-6071

평생전화번호·0502-237-9101~3

홈페이지·www.ekugil.com
블로그·blog.naver.com/kugilmedia
페이스북·www.facebook.com/kugillife
E-mail·kugil@ekugil.com

· 값은 표지 뒷면에 표기되어 있습니다.
· 잘못된 책은 구입하신 서점에서 바꿔드립니다.

ISBN 978-89-7425-652-4(03320)